El Millonario Dentro De Ti

Rompe tus paradigmas financieros

Enrique Larrea

"Cuanto tenía cinco años

mi madre siempre me decía que

la felicidad era la clave de la vida."

"Cuando fui a la escuela me preguntaron

qué quería ser cuando fuera grande.

- un hombre feliz- contesté"

"Me dijeron que no entendía la lección

y yo les dije que ellos no entendían la vida.!

JOHN LENNON

Contenido

Agradecimientos

A Dios:

Porque es quien me da las fuerzas cada día, porque es quien pone los medios para que las oportunidades lleguen. Eres lo máximo.

A mi padre:

Por todo el apoyo que me ha brindado, por sus muchos consejos, por el cariño recibido, Te agradezco de todo corazón. Le agradezco a Dios por darme al mejor padre del mundo.

A mi madre:

Porque fue quien me dio la vida. Porque siempre me ha apoyado y a pesar de las dificultades vividas me ha enseñado que siempre se puede salir adelante.

A mi Esposa:

Porque es la razón por la que todos los días lucho por alcanzar mis sueños, porque hace que cualquier esfuerzo valga la pena. Gracias por el amor y el apoyo que me has demostrado en todo tiempo.

Introducción

"No culpes a Dios por las consecuencias de tu inacción"

-Enrique Larrea

¿Alguna vez te has sentido, has pensado, has dicho o te ha pasado que el dinero se te va como el agua entre las manos, que te quedas sin dinero antes de llegar a tu próxima quincena y te desesperas porque el dinero no te alcanza?

¿Quieres lo mejor para tus hijos pero a como el tiempo pasa te alcanza para menos y te sientes incapaz de darles lo que ellos se merecen?

¿Te has preguntado alguna vez cómo mejorar tus finanzas? Si lo has hecho vas por buen camino, si te has dicho "encontraré un mejor empleo", "los políticos tienen la culpa de todo esto que nos pasa", "esto es culpa de la economía en nuestro país", podríamos decir que *en parte* tienes razón pero, los principales problemas en tus finanzas son que no sabes controlar tus gastos, siquiera estas seguro en que te lo gastaste, te haces de aquellas ofertas irresistibles que ofrecen en las tiendas departamentales, aquellas que dicen "llévatelo y empieza a pagar en tres meses". Lo que no has alcanzado a entender es que, Muchas de esas cosas **no las necesitas**, ciertamente todos queremos darnos algunos lujos pero ¿ya tienes la capacidad de comprar esos lujos sin que te afecten en la economía personal o familiar? Es decir, ¿si la compras no tendrás apuros financieros en los días siguientes? Si las respuesta a la pregunta anterior es no, OK pero ¿ya ahorraste?, si no te generará problemas financieros y ya ahorraste, date el gusto ¿Por qué no?, pero si tu respuesta no fueron favorables, y aun así insistes en gastar sabiendo puedes tener apuros financieros entonces, **tienes un problema.** Problema que resolverás si sigues al pie de la letra los consejos presentados en este material.

En este libro te voy a enseñar cómo controlarte, a manejar los números a tu favor y te des cuenta de cuánto dinero te hace falta para pasar el mes tranquilo, si necesitas financiamiento, si requieres otra fuente de ingresos (no hay que depender de una sola fuente de ingresos), si tienes o no capacidad de ahorro, *te voy a enseñar principios sólidos para mejorar tus finanzas*, principios que sin duda cambiarán tu vida y la de tu familia, qué es conveniente adquirir y qué no, el poder del apalancamiento.

Todo paso a paso, explicado en lenguaje comprensible aún para quienes no saben nada de finanzas. Explicado para ti que quieres lograr tranquilad en tu vida y en la vida de tu familia.

Si dominas estos principios que te enseñaré sin duda te sentirás alegre, contento, orgulloso de ti mismo, son principios que sabemos que existen, los hemos escuchado pero no los ponemos en práctica.

En el segundo tema te guiaré para hacer tu presupuesto. Sabes ¿qué es? ¿Para qué sirve? ¿Lo aplicas? ¿Sabes de alguien que lo haga? Si no, no te preocupes, yo te enseñaré que es, para que sirve y sobre todo **te enseñaré a usarlo y aplicarlo en tu vida diaria.**

Arreglar tus problemas requiere de esfuerzo y dedicación

Imagina que soy una persona obesa que le encanta comer pizza y te digo que quiero bajar de peso… ¿qué es lo primero que me dirías? Seguro me dirías ponte un par de tenis y lárgate a correr 2 horas diarias y deja de atascarte de pizza.

Así pasa con nuestras finanzas, si solo decimos "querer" arreglar nuestros problemas financieros y no hacemos nada adivina cual será el resultado. La solución es dedicar tiempo a resolver ese problema y este libro te ayudará a resolverlo. Pero **NO** se resolverá solo leyendo el contenido. Se resolverá tomando acción (yendo a correr para bajar de peso).

Capítulo 1

Mentalidad Millonaria

"Si tienes un sueño que hace que te acelere el pulso. Ve por él y deja de fantasear"

-Enrique Larrea

¿Has notado que en ocasiones pasa que dos personas asisten al mismo curso de capacitación y normalmente pasa que uno dice "el curso estuvo fabuloso" y el otro dice "estuvo aburrido, no hubo nada bueno"? Pero es que el secreto no está en lo que te dan a aprender si no en la mentalidad que tengas para recibirlo. Puedes tener las mejores herramientas del mundo pero si tu caja de herramientas tiene un agujero debajo tenemos un problema, las herramientas se saldrán y así pasa con los conocimientos, si le dices a tu mente que no quieres aprender más simplemente el conocimiento se derramará y no se aprovechará.

¿Has visto en alguna ocasión en TV que algún millonario haya quedado en la ruina pero después de poco tiempo vuelve a recuperar su fortuna? Ejemplo, Donald Trump un magnate en inversiones inmobiliarias en 1980 se hizo millonario al pedir créditos para proyectos inmobiliarios ambiciosos que le salieron perfectos pero para eso de 1990 debido al colapso inmobiliario quedó tirado en la lona perdiéndolo todo pero, es de admirar que para eso de 1997 ya había recuperado su fortuna y más. El tipo no me cae bien pero su habilidad para hacer negocios es sorprendente.

Por otra parte, ¿has conocido personas que se han ganado la lotería pero al cabo de un tiempo terminan a como estaban o incluso peor?

Todo esto se debe al *patrón del dinero* que tienen en sus mentes.

Si tienes mente de pobre siempre serás pobre pero si tienes mente de millonario puedes no tener nada en este momento pero tarde o temprano encontraras la oportunidad para amasar una gran fortuna y aunque un día lo pierdas todo de alguna u otra manera llegaras a recuperar toda tu fortuna como en el caso de Trump.

Teniendo en cuenta el *patrón del dinero* de Trump… ¿Cómo crees que se sentiría de tener UN MILLON de dólares en su cuenta bancaria? Quizás para ti sea demasiado dinero pero no dudes que esta persona se sienta pobre con eso. ¿Por qué? Porque su *patrón del dinero* está en BILLONES DE DOLARES, hay quienes se conforman solo con miles pero es porque ese es su *patrón del dinero* y otros peor, tienen su *patrón del dinero* en cero, ¿en cero? **SI**, son esos que terminan sin nada en su cuenta al final del mes y siempre andan con apuros financieros. Entonces lo que tenemos que hacer ante todo es **cambiar ese patrón.**

Quizás en alguna ocasión te has preguntado porque otras personas tienen dinero y tú no, pero ¿qué es lo que pasa?, tal vez conozcas personas que no sean muy buenas en la escuela pero tienen dinero, sabes, todo se debe a ese *patrón del dinero* que tal vez su familia acomodada le ha inculcado o bien no se ha conformado con menos.

Puede ser que el problema sea que estés rodeado de personas que no saben o saben muy poco acerca del dinero y su administración, entonces lo más probable es que no tengan mucho al final del mes. Es por eso que tu *patrón del dinero* se ve afectado. El problema está con la gente que te juntas. **Tú eres el promedio de las personas con las que te juntas.**

Si has notado, la gente rica la mayor parte de su tiempo solo hablan de dinero y negocios, en cambio otras que no tienen dinero hasta es ofensivo hablar del tema. Entonces, si te juntas con personas con éxito y dinero ¿Cual crees que sea el resultado?, exacto en un futuro tendrás éxito y dinero aprendiendo de ellos. Recuerda, **eres el promedio de las personas con las que te juntas.**

Paradigmas financieros

El dinero NO es la raíz de todos los males. *La falta* de dinero es la raíz de todos los males, es el síntoma generado por la raíz de tu árbol, por tu falta de educación financiera.

"El dinero es un resultado"

-T. Harv Eker

Si tu mundo interior tiene arraigada mala educación financiera tu mundo exterior generará problemas financieros, es decir, falta de dinero.

Para saber el *patrón del dinero* de una persona solo basta con platicar con ella por un momento - no más de cinco minutos - con ellos acerca del dinero. Si dicen algo como que el dinero no es importante para ellos, que el dinero solo causa problemas o algo por el estilo. No hay otra respuesta. **Esa persona no tiene dinero.** Si gustas compruébalo y veras la gran verdad que estas palabras encierran.

Si después de platicar con esa persona le dices "seguro no tienes dinero en este momento", lo más seguro es que te contesten que en ese momento andan algo justos. Pero la verdad absoluta es que siempre andan sin dinero. No hay más, así es este tipo de persona. Te pongo un ejemplo:

Si piensas que comprar una moto no es importante, no la vas a comprar (no la tienes). Entonces si dices que el dinero no es importante es porque simplemente no lo tienes. No hay duda de ello.

Analiza tu patrón del dinero

Puede que sepas todo sobre negocios, todo sobre finanzas, todo sobre estrategias de inmuebles, incluso cómo generar ingresos pero si tu *patrón del dinero* es bajo NUNCA llegaras a amasar una gran fortuna y si lo hicieras lo perderías rápida o lentamente.

Tu patrón del dinero se basa en toda la información que has recibido desde pequeño mediante tus padres, profesores, amigos, líderes religiosos, la cultura, de un sin fin de personas que han hablado contigo, recuerda que no nacemos con educación, TODO lo aprendemos aunque algunos aprenden solo a gastar el dinero y no a conservarlo.

Todo lo que sabemos lo aprendimos de:

- **Lo que escuchamos:** es todo aquello que nos han dicho a lo largo de nuestra vida de un tema, en este caso del dinero. Escuchamos frases como:
  - El dinero no crece en los árboles
  - El dinero es la raíz de todo los males
  - Los ricos son avaros
  - El dinero no te lo puedes llevar a la tumba
  - El dinero no es importante
  - El rico no sabe quiénes son sus amigos
  - Debes trabajar para ganar dinero
- **Modelaje:** es el ejemplo que hemos recibido de personas a las que conocemos, que admiramos. ¿cómo eran tus padres en relación con el dinero? ¿Eran gastadores?, ¿invertían?, ¿para ellos hablar de dinero era alegría o problemas? De ahí tú lo que haces es seguir su ejemplo.
- **Experiencias personales.** son situaciones que has vivido o la que ha vivido tu familia cercana. De pequeño cuando ibas con mamá a pedirle dinero ella siempre te mandaba con papá, entonces ahí se creó el paradigma que solo los hombres son los del dinero, si hubiese sido al revés ahorita como hombre creerías que la mujer es quien debe manejar el dinero. TODO lo que hacemos es en base a paradigmas que nos hemos hecho a lo largo de nuestra vida.

¿Cómo está tu *patrón del dinero* en este momento?

Estas programado para ser pobre, de clase media o para ser rico. Sé sincero contigo mismo.

Solo mira tú situación para saberlo…

¿En estos momentos tu sueldo de cuánto es? Déjame decirte que si tienes un sueldo de 7,000 mensuales o la cantidad que sea es porque en ese momento ese es tu *patrón del dinero* para tus ingresos. Cuando ya quieres 15,000 al mes es porque ya has subido tu *patrón del dinero*. Así funciona. Es cosa de mentalidad.

Recuerda que, ¡¡*siempre obtienes sólo aquello con lo que te conformas, no más!!*

Ejercicio: Mira a tu alrededor y te darás cuenta que tienes aquello con lo que te has conformado.

Cómo cambiar tu patrón del dinero

Un ejercicio excelente para cambiar tu *patrón del dinero* a uno mejor es hacerte de héroes. Personas exitosas y ricas que admires mucho, enamórate de ellos, sigue su ejemplo. Este es el método del modelaje. Si sigues este consejo te será más fácil cambiar tu *patrón del dinero*.

Recuerdo que cuando era pequeño me gustaba mucho el soccer, cuando jugaba yo no era yo, a la cancha entraba Ronaldinho el mejor jugador del mundo, según yo usaba sus técnicas de pateo, sus fintas, claro no a la perfección pero usaba sus técnicas, no me importaba lo que la demás gente pensara pues yo decía en voz alta "acaba de entrar Ronaldinho a la cancha" Jeje. Así debes buscar tus héroes del dinero a como buscaste tus héroes en los deportes cuando eras pequeño. Que no seas tú al momento de invertir si no que seas tu héroe, sus técnicas para negociar. Así será más fácil cambiar tu *patrón del dinero* actual.

No seas envidioso

Las personas ricas imitan a otras personas ricas y famosas. Se bendicen y admiran entre ellos mientras las demás personas solo se refieren a ellos como gente con suerte; los envidian y sienten resentimiento hacia ellos por tener lo que ellos desean.

Si quieres algo antes debes bendecirlo. Si te gusta una casa, un negocio, un carro o lo que sea ¡bendícelo! ya que todo aquello que niegues o maldigas, NUNCA lo tendrás, pues se supone que lo maldices por no quererlo o porque piensas que es malo.

Si quieres ser rico, debes admirar a la gente rica, debes estudiarla. Ama ese sentimiento que inunda tu corazón cuando te imaginas que eres una de esas personas que amasan fortunas. Admira a los ricos por su estilo de vida y sobre todo por su contribución a la sociedad. Piensa que puedes ayudar a más personas teniendo los medios, si no los tienes simplemente no los ayudarás.

"Tú eres quien crea tu propio éxito aun así no estés consciente de ello"

- **T Harv Eker**

Una verdad absoluta es que dicta la ley de atracción es:

"Aquello en lo que te concentras se expande"

Entonces si te concentras en problemas lo único que atraerás serán más problemas. Serás un imán de problemas. Si piensas en formas de generar dinero, las encontrarás, *atraerás dinero. Es así de sencillo.*

Si quieres salir del agujero donde estás. Primero debes confiar en ti, confiar en que puedes hacerlo. Repite las siguientes palabras las veces que sean necesarias hasta que queden gravadas en tu mente:

"Si yo no creo en mi éxito financiero, Nadie lo hará por mí"

Si quieres llegar a ser rico lo que debes hacer es trabajar pero, trabajar inteligentemente. Si no lo haces nunca lograras la libertad financiera.

No es que te quiera espantar pero el único sitio donde el ÉXITO se encuentra antes del FRACASO es el diccionario.

Primero fracasarás varias veces antes de conseguirlo. Ese fracaso es el que te dará las experiencias necesarias para ser exitoso es el que va a expandir tu habilidad para pensar en ideas cada vez más grandes y creativas, es el que va aumentar tu habilidad para resolver problemas. Es el que va a expandir tu nivel de pensamiento a niveles inimaginables. Recuerda la frase de Albert Einstein que dice:

"La mente que se abre a una idea nueva. Jamás vuelve a su tamaño original"

Y esos nuevos niveles de pensamiento te los darán las experiencias que vivas. Te las darán los fracasos que tengas a lo largo de tu vida, pues no solo es triunfo en esta vida, a todos nos ha tocado llorar, nos ha tocado sentir que las cosas se tornan difíciles, incluso hemos pensado en ocasiones abandonar nuestros proyectos por lo que la gente negativa y pesimista dice de nosotros. Pero depende de uno aprender a ser constante y si fracasamos aprender las lecciones que estos no traen y así en la siguiente ocasión que lo intentemos empecemos con más inteligencia y evitar los errores cometidos anteriormente.

Recuerda:

Todo está en la mente, en cómo respondes a las cosas negativas, tú decides si lo malo que te pasa te tira a la lona o te hace más inteligente y más fuerte. Repite lo Siguiente:

> *"Mi objetivo es convertirme en millonario o más y <u>no me conformaré con menos"</u>*

¿Recuerdas el pequeño ejercicio que hiciste anteriormente de mirar a tu alrededor y ver las cosas que tienes? Para mí fue impactante darme cuenta que solo tenía aquellas cosas con las que me había conformado, no más, no menos.

Imagina que vas a pedir un empleo y te preguntan ¿cuánto quieres ganar? y dices por así decirlo 74,000 al mes y te dicen pero aquí lo más que te podemos pagar son 23,000 al mes. Seguramente no lo aceptaras. Porque tu *patrón del dinero* te dice que no debes ganar menos de 74,000. Y lo buscaras hasta que lo consigas a no ser que te conformes con ello.

El principio de la dualidad, pensamiento de escases

¿Te has fijado que la mayoría de la gente solo piensa en que puede conseguir **una** de dos cosas?

Como cuando dicen "prefieres ser feliz o tener dinero". La gente rica lo que piensa es: quiero ser feliz y quiero tener dinero. Nunca escogen una sola cosa. Tener una cosa no es una sola opción.

Puedes ser amable, generoso y cariñoso y seguir siendo muy rico

Eso de que no se puede tener todo lo que se quiere realmente es una estupidez, tú puedes conseguir todo lo que deseas siempre y cuando tengas la disposición para conseguirlo, si no la tienes simplemente no la conseguirás. Recuerda, **todo está en tu mente**.

- Un rico piensa que un pastel es bueno y lo come.
- Los de clase media piensa que el pastel está muy bueno para ellos y solo compran una rebanada.
- Los pobres piensan que no lo merecen y no lo comen.

El nivel de los problemas

Los ricos siempre se consideran más grandes que sus problemas. El secreto del éxito es crecer más que ellos (los problemas).

Te has fijado que en ocasiones has tenido problemas (digamos de nivel 5) que en ese momento te parecieron difíciles de resolver por tu poca experiencia (mentalidad nivel 2), entonces al momento que lo resuelves y se te vuelve a presentar ya sabes cómo enfrentarlo (tu mente creció a nivel 5). Conforme pasa el tiempo te has vuelto un experto en resolver problemas (digamos que ya tienes mentalidad de nivel 9) y se te presenta uno similar al primero (nivel 5) ya ni siquiera lo ves como un problema, solo lo ves como algo más de lo que hay que ocuparse.

La reflexión es que:

No es el tamaño del problema lo que lo hace difícil. Se Trata de tu nivel de respuesta para resolverlo. Si piensas en huir de los problemas estas huyendo de tu crecimiento personal. Entonces ese se convierte en tu problema principal.

Si tienes éxito es porque así has hecho que sea y si has fracasado es porque también lo has provocado así. La cuestión es siempre crecer ante los problemas. Crecer mentalmente. Crecer Financieramente.

"Tú eres más grande que cualquier problema (si así te lo dispones) y nada impedirá que crees riqueza (si así te lo dispones)"

Si eres un gran recipiente y quieres crear riqueza. Aunque no lo tengas ahorita la tendrás.

Si eres un gran recipiente el dinero tiene que llegar porque como dice una la ley universal: *abre un espacio a lo que desees, el universo detesta los espacios vacíos.* Y ese vacío de dinero tendrá que llenarse en algún momento.

¿Crees que ya sabes todo?

Si sembramos una planta y vemos que esta no está creciendo quiere decir que está muriendo. Así es con nuestro conocimiento… Si no avanzas es porque estas retrocediendo. Si crees que ya no hay nada que aprender vas cuesta abajo. **Si no estás creciendo estas muriendo**. Si no quieres morir sigue creciendo. Tu estancamiento, tu conformismo lo único que acarrea es mediocridad. Si te dedicas a las inversiones, aprende a invertir cada vez más. Nunca dejes de aprender. Nunca dejes de crecer. Si no tienes resultados es porque estas anteponiendo las excusas. Eso no es válido si quieres llegar a ser rico o bien libre financieramente.

Cuida tus pensamientos, porque se convertirán en tus palabras. Cuida tus palabras, porque se convertirán en tus actos. Cuida tus actos, porque convertirán en tus hábitos. Cuida tus hábitos, porque se convertirán en tu destino."
Mahatma Gandhi

Así que:

"si quieres ser rico piénsalo y éste se convertirá en tu destino"

Inspírate a crecer

Bien dice una frase popular:

"Dime que no puedo y me darás una razón más para lograrlo".

Quien dijo eso tiene mucha razón, muchas veces nosotros no logramos las cosas porque así nos lo hallamos dispuesto en un principio, hay veces lo hacemos para demostrar a las personas lo contrario a los comentarios negativos que hacen de nosotros. Es ahí donde nos damos cuenta que crecemos más cuando estamos incomodos, cuando la gente nos dice que no podemos, es entonces cuando salimos de la zona de confort para obtener *resultados.*

En conclusión

SI NO TE VA A MATAR FISICAMENTE, ¡SOLO HAZLO!

Capítulo 2

Págate Primero

"Tienes derecho a conservar una parte de lo que ganas"

Libro: El hombre más rico de babilonia.

George S. Clason

Quiero contarte que en muchas ocasiones tuve apuros financieros. El que más recuerdo fue la ocasión en que ya no tenía más dinero en la bolsa, sólo le deje a mi esposa dinero para la comida y me fui justo con el pasaje de ida esperando cobrar un trabajo por el que me habían dicho ese día me pagaban. Fui a mi trabajo, ese día no tenía dinero ni para comer, solo le deje dinero a mi esposa para que ella comiera (solo recordarlo me causa calosfríos), recuerdo que esa vez lo único para lo que me alcanzó fue para un pan en todo el día, esta persona que me iba a pagar, en varias ocasiones me había quedado mal pero esta vez confié en su palabra. Para ir a mi trabajo tenía que pagar transporte en autobús y aparte pagar combi. Entonces al terminar mi jornada de trabajo solo contaba con 8 pesos en la bolsa que era lo que cobraba la combi para ir a la central camionera para después ir a mi ciudad (mi trabajo quedaba en otro municipio), entonces empecé a marcarle a esta persona y no me contestaba la llamada y empecé a pensar y que va a pasar si no viene esta persona o viene y no me paga que voy hacer?, me sentía mal porque no tenía para comer y lo que más triste me ponía era no poder sostener bien económicamente a mi esposa. Es lo peor que puedes sentir… entonces después como de 10 llamadas esta persona me contestó y me dijo que estaba cerca. Después de un rato al estar frente a un puesto de revistas hojeando una, llega esta persona y me dice, que tal como has estado… disculpa la tardanza aquí está lo que te debo…

Uff… sentí que dejaba de cargar una tonelada que tenía encima pues no tenía absolutamente nada de dinero pues lo último se lo había dado al de la combi.

Todo esto pasó por mi mala administración. Y espero que tu no pases por esta misma situación. No se la deseo ni a mi peor enemigo.

Bueno, empecemos con los principios que te llevarán a despertar al millonario que hay en ti.

"No ahorres lo que te queda después de gastar, gástate lo que te queda después de ahorrar"

-   Warren Buffet
Inversionista profesional
Tercer hombre más rico del mundo

¿Qué es el ahorro?

El ahorro es la parte del ingreso que no está comprometida y que puedes guardar, o bien es la parte de tus ingresos que decidiste guardar determinado tiempo.

¿Cómo empiezo ahorrar?

Apoco no te ha pasado, incluso antes de empezar a leer este tema ya te estas quejando y estás pensando ¿ahorrar? ¡Si a duras penas y me alcanza para mis gastos!, ¡pero que típico es esto! No te preocupes, ¡claro que si puedes ahorrar! TODOS PODEMOS.

No es suficiente con que pases quejándote que el dinero no te alcanza, que quieres hacer algo para mejor tu situación financiera, NO es suficiente con ser positivo, **se requiere determinación pero sobre todo acción.**

¿Cuánto debo ahorrar?

El principio fundamental para la riqueza es el siguiente: suena simple, pero aunque suene sencillo es uno de los principios más difíciles de lograr porque necesitas determinación para apartar una parte de tus ingresos y conservarla.

"Págate a ti primero. Ahorra 10% de lo que ganas"

Este principio lo aprendí del libro "El hombre más rico de babilonia"

Sin duda el ahorro es algo que nos puede cambiar la vida positivamente e incluso de forma gigantesca dado que en el ahorro está la base de la abundancia, de la riqueza y de la tranquilidad financiera.

Ten confianza ¡puedes hacerlo! ¿Lo ves mucho?, ¿muy difícil? OK, NO TE PREOCUPES.

¿Puedes Ahorrar el 8%, 6%, 3%?

Si aun así lo ves difícil mira, puedes guardar 50 pesos de tu quincena, así hazlo con cada quincena ahórralo y no lo toques, así hasta que puedas llegar al 10% de tu salario.

Lo importante es que siempre guardes una parte de tus ingresos para destinarlas al ahorro. Imaginemos que estas sembrando la semilla de un árbol, para que crezca tienes de regarla a diario, ponerle abono y así. Así funcionan tus ahorros, para que crezcan tienes que abonar a tu cuenta de ahorro y así crecerá tu capital. *Recuerda* que por mucho que riegues una planta necesita de tiempo para crecer es por eso que te recomiendo que ahorres como mínimo el 5% de tu salario por esta sencilla razón:

➢ A mayor ahorro se requiere menos tiempo para alcanzar metas.

➢ A menor ahorro se requiere más tiempo para alcanzar metas.

Por eso te recomiendo que ahorres 5% o más de tus ingresos para no desesperarte en el tiempo que logres tus metas, aunque si eres constante es muy probable lo logres.

¿Qué bonito suena pero como rayos hago para ahorrar si no puedo siquiera cubrir mis necesidades?

Bueno… lo primero que necesitas es querer mejorar tu situación económica. El deseo de dejar de vivir pensando esas malditas deudas que te engancharon a pagos chiquitos, meses sin intereses, mensualidades fijas y nomás no terminas de pagarlas, que cuando te quieres dar un gusto no te lo das porque no te alcanza tu dinero o porque de hacerlo sufrirás un desequilibrio financiero porque está destinado para otras cosas.

Pasado el tiempo ocurre que te acostumbras y te resignas a que así vivirás siempre cuando en realidad TODOS podemos salir de esa situación pero sabes qué; te hace falta tomar en cuenta esto…

Numero 1: con el ingreso de tu sueldo le pagas las tarjetas de crédito, el teléfono, la gasolina, la cerveza, la lavandería, la luz… le pagas a todo el mundo pero, con tanto esfuerzo que ganas ese dinero con el que le pagas a todo mundo… ¿ a qué hora te pagas a ti mismo (a qué hora ahorras)?

Así que antes de pagar *págate primero*

Pero… ¿Cómo me pago primero? **¡Pues toma tu parte antes de pagarle a todo mundo!**

Toma un 10% (o 5% según la recomendación anterior), después de tanto esfuerzo por supuesto que te lo mereces.

Numero 2: Elabora un presupuesto (lo veremos en el sig. capítulo) separando las necesidades de los gastos innecesarios, otra vez separa necesidades *reales* (comidas, el pago de tu casa, la renta, medicinas, ropa, colegiaturas, etc.) de los gastos innecesarios (cigarros, cervezas, droga) aparte de que pueden causarle un bien a tu cuerpo el que los dejes.

Trata de eliminar tooodos esos gastos innecesarios o por lo menos minimizarlos al menos en este tiempo que vas a dedicar a mejorar tus finanzas. Ya una vez arreglada tu situación y tengas la libertad de comprar esas cosas (innecesarias) hasta podrías darte cuenta de que en realidad no las quieres. Es como en los teléfonos, te das cuenta que un teléfono de $3,000.00 sirve para lo que usas el de $10,000.00 y nos damos cuenta de cuánto dinero se nos ha ido por esos gustos que alguna vez llamamos necesidades.

Tip de ahorro:

Evita los gastos hormiga, estos gastos son los que no te permiten ahorrar. Son aquellos gastos que aparentemente son pequeños pero si haces cuentas es un buen dinero el que dejas ir con estos gastos. Mira, te doy un ejemplo: un fumador que consume una cajetilla de cigarros diarios de $44.00 por los 30 días del mes, se estaría gastando $1,320.00 y $15,840.00 en un año solo en cigarros independientemente que afecta su salud, ahora imagina que hay quienes fuman hasta 4 cajetillas diarias. Si eres de los que beben refresco diario por ejemplo y gastas $12.00 al día estarías gastando $360.00 al mes y $4,320.00 en refrescos al año. Apoco no crees que puedes hacer algo mejor con ese dinero, parece poquito pero ya ves cómo se hace mucho conforme pasa el tiempo.

Lo importante es que tomes acción, que dispongas a ahorrar una parte de lo que ganas y que ese dinero *no lo toques* para diversión, ocio, cosas que no dejaran nada bueno, ¿si me entiendes verdad? *Guárdalo como un tesoro.*

Este porcentaje de ahorro lo aplicarás en aquello que genere ingresos. ¿Y que es aquello que genera ingresos? Se llaman activos. El activo es aquello que te genera dinero trabajes o no (Pagaré bancario, negocios, bienes raíces, etc.)

Recuerda, el ahorro no beneficia a nadie más que a ti, cuando comprendas eso lograras un hábito fantástico que convertirás en prioridad financiera.

Tips para ahorrar:

- Abre una cuenta de ahorro
- Cada que recibas dinero de salario ve inmediatamente al banco y deposita tu parte en esta cuenta.
- Si te pagan por tarjeta y sientes que no puedes separar tu parte pídele a tu banquero que separe esa cantidad por ti y la transfiera a tu cuenta de ahorro.
- Después olvídate que existen, no los toques por nada.
- Crea un fondo de emergencias aparte para no tocar tus ahorros
- No ahorres más de lo que tu presupuesto (lo veremos en el sig. capítulo) te dice que puedes ahorrar porque si lo haces puedes caer en que no te alcanza el dinero y terminaras agarrándolo para otros casos y tus esfuerzos por ahorrar será en vano, acostúmbrate a vivir con el restante de lo que deposites.

Todos podemos ahorrar, quítate la estúpida idea de que no puedes hacerlo, no te engañes diciéndote que tus gastos siempre son mayores a tus ingresos (aunque así sea) separa siempre la parte de tus ahorros, todo depende de la constancia y dedicación que dediques a mejorar tus finanzas.

Qué pasaría si de eso que te depositan te descontaran 10% por impuesto o por comisiones, te aseguro que sin duda buscarías la manera de vivir solo con el 90% restante, entonces… ¿Por qué no ahorrar de manera voluntaria? Si lo haces tu cuenta seguirá creciendo cada vez más.

Una de las grandes ventajas de ahorrar es que si tienes una cuenta de ahorro abultada dejaras de adquirir deudas innecesarias e incluso ayudarás a la economía del país porque un efecto de que haya mucho dinero en el banco es que las tasas de interés que cobran es más barata y así sirve también ayudas a las personas que te rodean, claro, las que piden créditos bancarios.

Usa el ahorro como motivación

Uno de los textos que más han marcado mi vida y, espero que la tuya también. Es del libro Padre Rico Padre Pobre de Robert T. Kiyosaki en el que hablaba su padre rico diciéndole:

"Entonces ahora entenderás que, después de pagarme a mí mismo, la presión de pagarles a mis acreedores será tan fuerte, que me obligará a buscar otras fuentes de ingreso. La presión de pagar se convierte entonces en mi mayor motivación. He hecho (…) prácticamente, cualquier otra cosa con tal de evitar que mis acreedores empiecen a gritarme. La presión me hizo trabajar más duro, me forzó a pensar y, en general, me hizo más inteligente y activo en lo que se refiere al dinero. Si me hubiera pagado al final, no habría sufrido la presión, pero estaría en bancarrota"

Desde entonces me di cuenta que el ahorro te puede servir como motivación. Y me dije: de ahora en adelante págate primero y después si en tu presupuesto ves que tus gastos son mayores a tus ingresos, muévete, busca la manera de generar más ingresos, despierta a tu genio financiero, despierta a la mente millonaria que hay en ti. Ahora amigo lector te digo que: *Tú también puedes hacer lo mismo, haz del ahorro una motivación.*

Aprende a controlar tus gastos para que puedas ahorrar (más)

A quien no le ha pasado que cuando quiere empezar a ahorrar siente necesidad de comprar cosas que incluso antes ni le pasaban en mente.

Muchas veces me pasó que quería ahorrar y lo estaba logrando pero, pasadas 5 o 6 semanas me surgía un deseo nuevo de poseer algo que no necesitaba, por ejemplo un nuevo celular (aunque el que tenía funcionaba perfectamente). Incluso porque no decirlo, la novia o esposa en el caso de los hombres te piden un regalo, que salgan a pasear, a comer a un restaurante y cosas de ese tipo. Lo curioso es, que cuando no ahorramos ni nos acordamos de esos gastos pero, pareciera que el deseo de gastar se hace más fuerte cuando empiezas a hacerlo, y más cuando ya tienes un dinerito juntado o bien te acaban de pagar en tu trabajo, en caso de ser empleado.

Todo eso de una o de otra manera lo podemos controlar. Si tienes una esposa a la que le gusten los lujos, salir a comer frecuentemente a restaurantes, comprarse ropa de "marca", pueden llegar a un acuerdo en el que disminuyan las salidas y esos gastos que la mayoría de las veces son innecesarios. OJO, no estoy diciendo que será fácil ni que dejes de complacer a tu pareja, simplemente que te sepas controlar en tus gastos y sobre todo, que si esos gastos te harán ver en apuros financieros en días posteriores, los pospongas o bien busques la manera de minimizarlos.

Recuerda que todo esto es temporal en lo que arreglas tu situación financiera, no será algo eterno.

La vida de todos en algún momento...

Cuando ganabas cierto sueldo (pongamos de ejemplo tu primer sueldo) cumplías con tus gastos y, cuando te subieron el sueldo ya sea el 20, 30, 50% más ¿sentiste que te alcazaba menos el dinero que cuando ganabas menos? Eso es porque la emoción por el dinero te controla y no tu a ella (la emoción).

Si es tu pareja, platica con ella y pónganse de acuerdo a la meta que quieren lograr. Si le planteas las cosas de manera adecuada seguro entenderá. Tal vez sea hacer su primera inversión, comprar un nuevo auto, una casa, comprar ropa, lo que sea, pero siempre tengan presente que si no son capaces de ahorrar JAMAS serán capaces de invertir en cosas grandes.

Elije el momento adecuado

No sea que se te ocurra decirle a tu pareja acerca de ahorrar cuando se acaben de levantar, después del funeral de su amigo. Un miércoles por la noche sabiendo que acaba de pasar un tráfico terrible porque créeme no llegaran a ningún acuerdo.

Tienes que buscar un momento en el que los dos estén de buen humor y platicarlo a solas para lograr un mejor resultado.

Ahorra con objetivos

Una tarde al llegar a mi casa después del trabajo me perdí en mis pensamientos de cómo se me habían ido los meses, había ahorrado pero no había hecho nada con ello. Ese dinero realmente no estaba teniendo un objetivo, sabía cómo ahorrar pero, en ese momento no tenía el para qué ahorraba. No sabía para que estaba ahorrando, en que iba a ocupar ese dinero. Eso es lo que te quiero transmitir, es más fácil y satisfactorio ahorrar cuando sabes para qué lo haces. Puede ser para ir de viaje a una playa nudista (picarón jeje), puede ser una abrir una empresa, el pago de tu maestría, lo que te guste pero siempre es mejor tener objetivos.

Mis consejos para ahorrar con objetivos son:

1. Describe para que ocuparás el dinero
2. Cuánto dinero necesitas
3. Para cuando lo necesitas
4. Cuanto tienes que ahorrar mensual
5. Que vas a hacer para conseguirlo rápido

Ejemplo:

Voy a ahorrar para el enganche de mi primer automóvil (en qué ocuparás el dinero) para lo que necesito 35,000.00 pesos (dinero que necesitas) en 1 año (tiempo) con lo que tengo que ahorrar 2,916 pesos mensuales (meta para ahorrar al mes) e invertiré en el banco en un pagaré que me da 5% de intereses (lo que haré para llegar a mi meta más rápido).

Ahora haz tu enunciado y empieza a hacerlo lo antes posible. Solo así te será más fácil empezar.

Aprende a Comprar. ¿Ahorras o haces gastos con descuento?

Conozco muchas personas que se dicen ahorradoras por que aprovechan las OFERTAS que hay en las grandes tiendas departamentales como las Ventas Nocturnas. Son personas que solo pasan "a ver" que hay pero llevan sus tarjetas de crédito "por si las moscas" y ven unas bolsas CHANEL que aun con descuento no dejan de costar sus 10,000.00 a meses sin intereses, ofertas de 3 x 2. Y al final del día se preguntan porque no les alcanza el dinero. Esa persona lo que hace es GASTAR MAS, en ningún momento se considera ahorro un descuento en algo que no tenías pensado comprar.

Es muy diferente que hayas planeado hace 3 meses comprar una computadora y que veas que tiene un descuento y está a meses intereses y la adquieras pues es algo que ya tenías planeado comprar. Entonces ese sí es un verdadero ahorro.

Disminuir gastos VS aumentar ingresos

¿Qué crees que sea mejor?

Seguramente lo primero que dices: obvio lo mejor es aumentar los ingresos pero dime una cosa…

¿Qué estás haciendo para aumentar tus ingresos? Si no estás haciendo nada, si no tomas acción, déjame decirte amigo que vives de las ilusiones. Si al final del mes no te queda dinero sin comprometer (flujo de efectivo positivo) quiere decir que estas a punto del colapso financiero, muy pronto estarás tan apretado en gastos que no te quedará más que endeudarte si es que no estas endeudado ya.

Por eso mi consejo quizás valla en contra de lo que otros "expertos" recomiendan que es trabajar duro, vivir por debajo de tu sueldo, y ahorrar para el retiro. Personalmente pienso que si solo te dedicas a vivir por debajo de tu sueldo vivirás la vida lamentándote por no haberte esforzado y conseguir otra fuente de ingresos. *No hay peor cosa que depender de una sola fuente de ingresos.*

Alguna vez te has preguntado ¿qué pasaría si en este momento te despidieran y tu ingreso solo es el que recibes quincena con quincena por tu sueldo? Luego agrégale que tengas deudas ¿Cómo las pagarías?

Entonces por eso es que recomiendo aumentar tu flujo de efectivo consiguiendo otra fuente de ingresos. Si solo reduces tus gastos llegará el momento en que no puedas disminuirlos más y te sentirás frustrado. Si aumentas tus ingresos te sentirás, digamos, más libre por tener un flujo de efectivo adicional y podrás ahorrar un poco más, incluso ahorrar el 10% de tu sueldo sin problema alguno.

Recuerda:

**SI NO TE VA A MATAR FISICAMENTE, SOLO HAZLO.**

Capítulo 3

Controla Tus Gastos

"Si usted no sabe qué es lo que anda mal, no lo puede arreglar"
- *Riaz Khadem*

¿Por qué algunos famosos terminan en bancarrota?

Porque normalmente tienen muy malos hábitos de consumo, pensiones alimenticias por pagar mes a mes, malas inversiones, generosidad mal encaminada y eso provoca que hasta el famoso más adinerado termine en la calle.

Historia de 50 Cent

50 Cent es considerado uno de los artistas más exitosos del hip hop y a lo largo de su carrera, que vivió su mejor momento a principios de la década pasada, ha vendido más de 30 millones de discos y participado en numerosos proyectos empresariales.

El rapero 50 Cent se declaró este lunes (13 de Julio de 2015) en bancarrota ante un tribunal del estado de Connecticut, en Estados Unidos, después de que un jurado de Nueva York lo condenara a pagar 5 millones de dólares (…)

(…) El artista, cuyo nombre real es Curtis James Jackson III, asegura en los documentos presentados en el juzgado que *tiene*

una fortuna que va entre 10 y 50 millones de dólares y deudas que
alcanzan esa cantidad.

Fuente: *http://www.cnnexpansion.com/lifestyle/2015/07/13/el-rapero-50-cent-se-declara-en-bancarrota*

Te estarás diciendo a ti mismo, si yo hubiera tenido ese dinero hubiera sido diferente pero piensa... ¿realmente hubiera sido diferente si tú lo hubieras tenido? Si en este momento estas endeudado y no tienes el nivel de ingresos que tenía 50 cent lamento decirte que hubieras por la misma situación o tal vez una peor.

¿Por qué?

Porque el tener más dinero solo acentúa la educación financiera que tienes al día de hoy, recuerda el patrón del dinero. Si este indicador dice que gastes la cantidad de ingresos que tienes así lo harás aun ganando millones de pesos o la moneda de tu país. Si así fuiste educado por tus padres en vivir siempre limitado, en vivir gastando todos tus ingresos así lo seguirás haciendo.

Pero...

Todo tiene solución...

Puedes cambiar ese patrón del dinero que te dice "gasta, gasta, todavía hay dinero" y remediarlo pero para eso necesitas algo muy importante, una *herramienta poderosa* que te ayudará a saber en dónde estás mal, en que estas gastando de mas, cuanto porcentaje de tus ingresos destinas a cierto gasto, el porcentaje de tu ingreso que te queda sin comprometer para destinarlo a cosas de provecho, esta herramienta que te ayudará a iniciar en el mundo de la prosperidad se llama *presupuesto*.

Te enseñaré como crear esta herramienta según tus necesidades, una vez que la empieces a usar correctamente verás como el dinero te rinde más por el hecho de que ya lo estás administrando, sabrás exactamente en qué te lo gastas, aun sea una goma de mascar, sabrás cuáles son tus gastos.

El presupuesto

Muchas veces sentimos que cuando queremos empezar a organizarnos en nuestros gastos surgen más y más y más imprevistos provocando que nos bloqueemos mentalmente al hábito del ahorro.

No te preocupes, no eres el único, ni el primero ni el último, en algún momento de nuestra vida hemos pasado por allí pero también depende de nosotros mismos poder lograr la cultura del ahorro.

Muchas veces pensaremos o nos harán pensar que ahorrar es imposible por esos "imprevistos" que solemos llamar ropa, comidas en restaurantes, salidas con los amigos, etc. Y pensamos... si ahorrara entonces mi vida sería muuuuy aburrida porque no comería fuera, ni me compraría ropa ni saldría a divertirme con los amigos. *Pero en realidad podemos hacer eso y más.*

He conocido mucha gente con ingresos altos y bajos y adivina que, los que ganan más normalmente son los que tienen más problemas para empezar a ahorrar y los que tienen menos ingresos, ganan menos y aun así lo logran, se organizan mejor en sus gastos precisamente para que les alcance su dinero.

Lo más conveniente sería platicar con los miembros de la familia, ponerse de acuerdo que gastos son necesarios y cuáles no, llegar a un objetivo común para poder aprender a manejar más las finanzas familiares.

Ojo encuentra las palabras y el momento adecuados para hablar principalmente con tu pareja para lograr persuadirla si no lo más seguro es que te encuentres con un rotundo NO.

La poderosa herramienta del éxito financiero

Seguramente has escuchado alguna vez la palabra presupuesto. Bueno, pues esta será la herramienta que usemos para lograr que controles el relajo financiero que te cargas. ;)

Hacer un presupuesto te ayudará en muchos sentidos. Estoy seguro que sientes que el dinero se te va como el agua entre las manos, sientes que a cómo llega se va, sientes que no te puedes comprar las cosas que quieres, te sientes presionado por deudas y en ocasiones pagas fuera de tiempo porque te quedas sin dinero antes de poder liquidarlas. Pues ese problema se terminará tan pronto como apliques esta herramienta tan fundamental para el control de TU dinero.

Sentirás que tienes cada vez más control, que es más fácil pagar puntualmente los pendiente que tienes, que de vez en cuando puedes darte gustos y sobre todo te ayudará a saber cuál es tu numero para obtener la libertad financiera que todo individuo desea alcanzar. OJO no digo que será fácil pero tampoco es imposible, *sólo empieza a hacerlo*.

Convierte la mala experiencia en buen juicio

¿Recuerdas la historia que te conté del día que me había quedado sin dinero, que solo tenía los últimos 8 pesos para el pasaje de mi trabajo a la terminal de autobuses?

Y…

¿Qué crees que hubiera pasado si no me hubieran pagado? Seguramente mi única opción hubiera sido pedir dinero a las personas que me pasaran cerca pues no tenía ni un solo conocido en la ciudad.

Quizás hayas vivido alguna experiencia similar en alguna ocasión, espero que no, realmente es terrible, te sientes destrozado.

¿Cuál es el mayor apuro financiero que has tenido? ¿Te hizo sentir mal o sentir que ya no podías hacer nada?… créeme te entiendo en esta situación me llegué a desesperar tanto que no sabía qué hacer, quería desaparecer pero como dice un chiste de una ranita verde famosa…

A veces quiero irme lejos pero...

Luego recuerdo que no tengo ni para el pasaje y se me pasa.

Desgraciadamente no se me pasaba la melancolía de no tener el recurso suficiente para sostener mi hogar, pero poco a poco la situación se fue mejorando al usar las herramientas que a lo largo de este libro te estaré proporcionando.

Esta fue una de las situaciones que me hizo decidirme a mejorar mi vida financiera, y entonces empecé revisando mis gastos… en qué gastaba mi dinero, porque no me alcanzaba. Me empecé a cuestionar todo, hasta cuantos chicles compraba porque esos gastos chiquitos, esos que se nos olvidan son los que más pegan a nuestras finanzas y empecé hacer el *reconocimiento de gastos diarios* hasta llegar a hacer un *presupuesto mensual* en el que asignaba todo lo que ingresaba a mi cuenta y todo lo que salía.

Y a todo esto… ¿Qué es el presupuesto?

Un presupuesto es la proyección de ingresos y gastos que se esperan tener en un cierto periodo de tiempo por ejemplo los ingresos y gastos que piensas que tendrás del 1ro al 31 de enero del siguiente año (lo más común es hacerlo mensual para su mejor manejo).

Para que esta herramienta te sea realmente útil debes ser sincero contigo mismo, sincero en reflejar todos los gastos e ingresos por mínimos que sean. Así sea un chicle en el que gastes al día, *anótalo*. Seguro me dirás ¿tengo apuntar un simple chicle en mi presupuesto? ¡Ese enrique está loco!

Pues mira saquemos cuentas un chicle cuesta $2.00, si compras uno al día y el año tiene 365 días veremos que esa insignificante cantidad se convierte en $730.00 ¿alguna vez lo habías pensado?

Ahora piensa cambia ese chicle por un café de $45.00 que te tomes al día. Multiplica el precio por los días del año, se convierte en $16,425.00… uff parece que tenemos que controlar esos gastos ¿verdad? Pues eso es lo que lograremos si aplicas los conocimientos que tienes entre tus manos.

Prométete a ti mismo que no te rendirás, y que te esforzaras hasta cumplir con el presupuesto que te propongas.

Los gastos varían de persona a persona

Existen dos formas de identificar tus gastos mensuales. Uno es mediante la memoria, recordando en que gastas día a día durante un mes pero es un método en el que quedan muchas lagunas pues siempre se nos olvidan las cosas, y en los presupuestos hasta los chicles cuentan ee.

La segunda forma es el seguimiento de los gastos, cada que hagas un gasto si crees que se te olvidarán apuntalo en una libretita o bien dale un buen uso a tu celular y abre la aplicación de notas y apunta cuanto y en que te estas gastando tu dinero para que al final del día no se te escape un solo gasto y así identifiques todos los gastos y detectar que cosas podemos recortar.

Hazlo durante un mes para que te des cuenta de todo aquello en lo que gastas, identificaras esos gastos que te están quitando la posibilidad de enganchar el coche de tus sueños, el viaje a la playa nudista que tanto deseas, aquello que te impide ahorrar.

¿Estás a punto del colapso financiero? ¡¡Pronto lo averiguaras!!

A continuación te mostraré el formato creado por mí que ocupo para hacer mi presupuesto mensual. Llénalo con tus datos y empieza a tomar el control de tus finanzas, espero que no solo lo hagas una vez si no que se haga de ti un hábito para las buenas prácticas financieras y, por el hecho de haber adquirido este libro y haber confiado en mí te lo obsequiaré, sólo mándame un correo con el Asunto **PROMO** **Presupuesto** a elmillonariodentrodeti@gmail.com

Estado Financiero personal

Nombre de la Persona
Estado de Resultados Personal

INGRESOS		%
Salarios	-	_____
Honorarios		_____
Intereses y/o dividendos		_____
Financiamiento		_____
Otros Ingresos		_____

INGRESO PASIVO		_____

TOTAL DE INGRESOS	$	-	_____

GASTOS		%
Ahorro		_____
Impuestos		_____
Hipoteca / Renta		_____
Pago de Préstamos		_____
Pago Tarjeta de Crédito		_____
Mensualidad Auto		_____
Colegiaturas		_____
Gastos por niños		_____
Otros Gastos		_____
TOTAL DE GASTOS	$	-	_____

Flujo de Efectivo del Mes	$	_____

Donde:

En la primera parte tenemos los ingresos pudiendo recibir dinero por Salarios, Honorarios, Intereses, dividendos, Financiamiento y en otros puedes poner algún otro concepto que no haya escrito. Todo dependerá de las fuentes de ingresos que tengas.

La segunda parte se refiere a los gastos. En este caso escribí algunos de los conceptos más comunes por los que podemos tener gastos durante el mes. Puedes adaptarlo según tus necesidades pues no todos tenemos los mismos gastos, se pusieron los conceptos a manera de ilustración pero puedes agregar gastos como Luz eléctrica, pago de televisión por cable, zapatos, internet, teléfono, agua, TODO AQUELLO que gastas sin excepción alguna para que tu estado financiero te arroje resultados reales.

Me imagino que si no tienes mucha experiencia en finanzas te estarás preguntando:

¡Qué rayos es eso de INGRESO PASIVO!

Pues mira los *ingresos pasivos* son aquellos que tu obtienes independientemente trabajes o no. Por ejemplo si tienes propiedades en renta, no es necesario que trabajes pues tu solo cobras cierto dinero mensualmente por el hecho que alguna persona ocupe esa propiedad.

Cómo llenar la hoja del Estado de Resultados Personal (presupuesto)

Como te habrás dado cuenta:

Las filas se dividen en tres partes: la de la izquierda dice el concepto de ingreso o gasto (salarios, honorarios), la de en medio debes poner la cantidad de dinero que percibes por ese concepto y en la parte de % deberás poner a que porcentaje de tus ingresos corresponde ese concepto. Por ejemplo. Si tienes $6,000.00 de ingresos por salario y $1,000.00 de honorarios al mes, quiere decir que tienes ingresos mensuales por $7,000.00, entonces, si quieres saber el porcentaje del salario debes dividir 6,000 de tu salario entre $7,000.00 que es el total de ingresos y lo multiplicas por 100 para obtener el porcentaje. Esto te dará como resultado:

$6,000 / 7000 = 0.8571 * 100 = 85.71\%$

Entonces quiere decir que del total de los ingresos el 85.71% provienen de tu sueldo. Lo que significa si perdieras tu empleo estarías en un apuro financiero. Y así harás con los demás conceptos.

Ahora en la parte de gastos harás lo mismo:

Dividirás la cantidad que tienes de tu gasto entre el total de los ingresos.

¿Y porque de los ingresos?

Porque de esa forma vemos que porcentaje de ingreso se va en ese gasto.

Tomando como ejemplo los $7,000.00 de ingresos: tengo que gasto 2,000.00 en pasajes mensuales de mi casa al trabajo, hago la siguiente división:

2,000 / 7,000 = 0.2857 * 100 = 28.57%

Lo que nos da como resultado que de los 7,000.00 que recibimos al mes 28.57% gastamos en pasaje al mes. O bien de otra forma. Por cada 100.00 que gano, gasto 28.57 en gasto de transporte a mi trabajo.

Así harás con los demás conceptos hasta que tengas todo y así te des cuenta el porcentaje que gastas por cada concepto en tu columna de gasto.

Si te quieres evitar todo este rollo de las operaciones mándame un correo solicitándome la hoja de presupuesto con el Asunto PROMO presupuesto **y haz tú presupuesto mucho más rápido.**

Comparación entre ingresos y gastos

La parte que dice *flujo de efectivo del mes* es la diferencia que existe entre tus ingresos y tus gastos, pudiendo tener tres posibles resultados:

A) **Los gastos pueden ser mayores a los ingresos (tus gastos son mayores al 100% de tus ingresos):** tienes que hacer los recortes necesarios en tus gastos y evitar la mayor cantidad de problemas posibles con el banco, tu familia y otros. Si esta es tu situación no tienes más que dos opciones (tema visto en el capítulo de págate primero):
- Consigue ingresos extras

- Reduce tus gastos

Haz una reestructuración de deudas: ¿una qué? Una reestructuración quiere decir que hables con tu banquero haciendo un nuevo acuerdo de deuda, hay diversas posibilidades en el que acuerdes pagar menos y mensualidades fijas. Habla con tu banquero.

En una ocasión llegué a tener una deuda por la que pagaba 3,200 mensual al banco. Llegó el momento en que no pude pagar esa cantidad y lo que hice fue ir al banco para pedir que me le bajaran a la mensualidad que pagaba logrando me la dejaran en 2,300 al mes. A eso se le llama reestructuración de deuda. Eso sí, recuerda que cuanto menos pagas, te tardas más en pagar y a largo plazo pagas más intereses pero para este tipo de situación si sería una gran ayuda bajarle a la mensualidad a pagar por mes.

Si este es tu problema, por lo que más quieras ya deja de usar tu tarjeta de crédito al menos por un tiempo, no seas necio, así sea un chicle ya lo financies con la tarjeta, no te hagas de deudas que no puedes pagar en estos momentos.

Procura evitar esos lujos innecesarios, fines de semanas con los amigos, todo aquel gasto que si no lo haces no te traiga problema alguno. Eso te ayudará a mantener equilibradas las finanzas tanto personales como familiares.

Si eres de los que van a algún café con los amigos o amigas a un restaurant, puedes sugerir que se organicen para tomarlo en casa de uno de ustedes y créeme, verás cómo los gastos disminuyen significativamente independientemente que pueden convivir libremente sin que le hagan señas que bajen la voz jeje.

B) **Los ingresos pueden ser mayores a los gastos:** si esta es tu situación quiere decir que estas en forma (financieramente hablando) para considerar la parte del ahorro, para aumentar las reservas y evitar desastres financieros familiares.

C) **O bien quedas tablas, sin un quinto al término del mes:** aquí no hay lugar para errores ya que si los cometes puedes pasar un desagradable apuro financiero. Controla esos gastos hormiga que tanto te afectan.

Dime…

¿Cómo te sientes después de haber hecho este ejercicio? *Si no lo has hecho, hazlo. Aprenderás mucho de ti mismo.*

Puede que te hayas llevado una buena o mala noticia. Pero la que haya sido te está sirviendo para darte cuenta como están tus finanzas.

Todavía <u>veremos otro Estado Financiero llamado Balance General</u> en el que veremos cuantos activos y pasivos poseemos, te darás cuenta si estas sano financieramente o bien, sabrás si estas en bancarrota sin siquiera saberlo y además **conocerás el número más importante en tu vida.** ¿No sabes cuál es? Te diré cuál es, Tu número de libertad financiera, eso es lo más importante que debes saber en la vida financiera. Aprenderás como obtenerlo y sabrás cuanto ingreso pasivo necesitas para tener lo que se denomina *libertad financiera* que es aquella en que salvo alguna catástrofe tienes la opción de trabajar o no. Todo eso lo veremos en el capítulo de *las matemáticas del éxito.*

Capítulo 4

El Crédito

"Un estilo de vida lujoso no quiere decir que seas listo o bien educado, Podría revelar justamente lo contrario"
- *Robert T. Kiyosaki*

Todos nosotros en algún momento hemos estado relacionados con esta palabra. Ya sea que la hayamos escuchado o la hayamos puesto en práctica. Bien sabemos que, el *crédito es la promesa de un pago a futuro.*

Seguro has usado el crédito con las ya muy conocidas tarjetas de crédito bancarias o departamentales, o bien incluso la tiendita de la esquina cuando doña maría le dice la dueña de la tienda se lo paso mañana. *Eso es crédito también.*

Si no sabemos cómo usarlo, el crédito seguramente nos va a ocasionar problemas muy graves, a algunos incluso les han embargado sus propiedades por la mala administración del crédito (Falta de Pago) pero, cuando sabes usar el crédito correctamente lo puedes usar para apalancar tu negocio, inversiones y generar ganancias sobre los intereses del crédito, todo eso aquí te lo mostrare.

Tu deuda NO es culpa del banco

Muchas veces conseguimos créditos, con los bancos, los familiares, con los amigos, o cualquier conocido. Si estos en alguna ocasión te prestaron es por que confiaron en que les pagarías, así que corresponde esa confianza pagándoles. Así sirve que si un día estas en un apuro financiero será más fácil conseguir dinero prestado y muchas veces sin que te cobren intereses.

En las deudas por Tarjetas de Crédito lo mejor es informarte de cuando es tu fecha de corte y tu fecha límite de pago *para financiarte hasta por 45 días*, para evitar pagar recargos, comisiones e intereses moratorios, evita esos cargos extras e infórmate.

¿Fecha de corte? ¿Fecha límite de pago? Y eso con que se come…

Mira todas las tarjetas de crédito tienen fecha de corte y fecha límite de pago.

La fecha de corte es el día que tomará el banco para informarte de tu situación de crédito en el mes, en los 5 días posteriores mediante tu Estado de Cuenta en el cual te informan los gastos y pagos efectuados durante el mes.

La fecha límite de pago es el día que tienes como máximo para pagar es decir que si te dicen que pagues como limite el día 6 de Julio, ese día máximo lo tienes que pagar para que no te genere intereses adicionales ni comisiones por pago tardío. Generalmente este día es 15 días después de la fecha de corte.

Ejemplo de Ambos

Enrique adquirió una tarjeta de crédito el día 20 de julio así estableciéndose su fecha de corte cada día 20 del mes, por lo que la fecha de corte será el próximo 20 de agosto y su fecha límite de pago el día 6 de Septiembre. ¿Sabes qué significa eso? ¿No?

Analízalo de nuevo… ¿Nada?

Ok, Te explico, el crédito es una herramienta poderosa sabiéndola usar, en este caso enrique puede comprar el día 21 de Julio y el corte lo harán al día 20 de agosto por lo que tiene 30 días de financiamiento luego le dicen que su fecha de corte será el día 6 de Septiembre por lo que se le suman 17 días más para pagar. Lo que da un total de *47 días para dar el primer pago sin generar intereses adicionales.* ***¿Te das cuenta de la poderosa herramienta de apalancamiento que es el crédito?***

Y así es como trabaja la gente financieramente educada, consigue apalancamiento (crédito), hace inversiones, recupera el dinero, paga el crédito, y se queda con las ganancias *pero* si te pasas de la de la fecha límite de pago te puedes llevar un gran susto por las comisiones por pago tardío, así que te recomiendo seas puntual en tus pagos.

Te conviene estar informado para pagar a tiempo y ahorrarte ese dinerito. Independientemente que así cuidas tu historial crediticio.

¿Eres de los que se quejan de las deudas con el banco?

Si es así déjame decirte que el banco tiene razón al cobrarte por que tú fuiste quien le pidió dinero prestado para usarlo en lo que tú quisiste, y si te lo ofrecieron, tú decidiste gastar ese dinero.

Como todo prestamista: el banco quiere recuperar su dinero con los   intereses   correspondientes,   tú   ya   lo   usaste, independientemente si lo usaste en algo de provecho o no, ahora le toca al banco recuperar lo suyo.

Si estas endeudado es porque así tu decidiste estar al comprar juguetes caros que *no* generan ingresos.

Ahora hablemos del crédito familiar

Supongamos que tú eres quien da el dinero en préstamo, siempre que lo hagas, que sea si estas firmemente convencido que ese dinero regresará a tus manos, si lo dudas solo un poco mejor no lo hagas y evítate problemas familiares, así sea tu papa, tu hermano, tu cuñado tu sobrino, etc., si no estás seguro, evita problemas.

"El oro otorga a quien lo posee una gran responsabilidad"

Si prestas algo asegúrate que te lo regresaran, hazles un pagaré y pídeles algo en garantía, así los ayudas y si no te pagan aseguras tu dinero que con tanto trabajo juntaste.

Prestamos Familiares

Me ha tocado escuchar personas que dicen que han prestado dinero a sus amigos y no les pagan, y es cierto, a veces piensas que por ser un amigo o incluso un familiar te pagará pronto pero muchas de las veces esto no es así, a veces por querer hacer el favor a las personas que más quieres te terminan quedando mal y hasta te los echas de enemigos por cobrarles lo que de buena fe les prestaste. Pasa el tiempo y te das cuenta que si tu misma familia te promete algo no siempre te lo cumple. Hay personas que no ven de regreso su dinero porque prefieren no insistir y no perder la amistad, pero a la larga si se lo prestaste de buena fe siempre te quedará la espinita de que le prestaste dinero y nunca te pagó.

Así que **antes de prestar dinero piensa:**

<u>Que es más importante para ti en este momento</u>, el dinero (el medio para comprar lo que necesitas) o tu amigo…

Porque si te topas con un "amigo" que no paga entonces *perderás tu dinero* y a tu amigo.

Mi primer crédito

Cuando inicié la universidad todavía no sabía lo que era estar atado a créditos bancarios, no sabía lo que era estar pagando mensualmente algo que a veces ni ocupamos –cosa que nos pasa muy a menudo a los adultos – solo por el gusto de tenerlas.

Pasado los meses de entrar a la universidad, un día "maravilloso" de clase (no había llegado el profesor jeje) había un módulo de un banco azul muy conocido en México que estaba ofreciendo tarjetas de crédito para los estudiantes entonces me acerqué a preguntar qué era lo que ofrecían y bueno, me dijeron una de cosas que podía hacer pero lo que se me quedo fue, tienes tu articulo ahora y pagas después… estaba emocionado de solo pensar que podía tener lo que quisiera ahora y pagarlo después –me estaba invadiendo la emoción- y entonces me ganó la emoción y solicité mi tarjeta de crédito, esta me llegó como al mes de haberla solicitado, antes de eso estaba triste pues me había dicho que en quince días llegaba y recuerdo que había contado ya 29 días y nada hasta que llegó al día 30. Que emoción sentía al tener mi tarjeta pero ese mismo día leí un artículo financiero que decía...

"El saldo de tu tarjeta de crédito NO es dinero adicional, es dinero prestado que tendrás que pagar MÁS los intereses correspondientes"

Me quedé impactado, hasta ese momento no lo había pensado, sabía que lo tenía que pagar claro, pero no había pensado la parte que dice *Tendrás que pagar intereses...* eso es lo que nos pasa a muchos, solo pensamos en gastar, gastar y gastar sin analizar cuanto pagarás adicional al préstamo, solo gastamos y nos enteramos de lo demás cuando nos llega nuestro estado de cuenta con lo que debemos pagar y nos quedamos con la cara de *oh Dios mío cuando gasté todo eso...* típico, te da el síndrome de Alzheimer (eres olvidadizo). Quizás a ti se te olvide pero créeme a tu banco o tarjeta de tienda departamental no se le olvida, todo queda registrado en tu estado de cuenta así que hagámonos responsables por esas deudas.

Deuda Buena Vs Deuda Mala

Muchos confundimos estos términos. No conocemos la diferencia que hay entre deudas buenas y las deudas malas.

Las deudas malas son aquellos créditos que tomamos pero NO nos generan algún tipo de beneficio adicional al principal. Ejemplo. Pedimos un crédito en una tienda departamental sacando ropa y cosas para la casa. ESA es una deuda mala pues solo estamos generando más gastos mensuales sin generar ingresos.

Las deudas buenas son aquellos créditos que tomamos y nos *generan ingresos*, es decir, tenemos un beneficio adicional al primero. Ejemplo. Pedimos un crédito bancario para financiar nuestro negocio generando otra fuente de ingresos, de las ganancias pagas la deuda y aparte te queda un flujo de dinero adicional.

Controla tus emociones

En ocasiones las personas se dejan llevar por la emoción de contar con créditos hasta por $500,000.00 que el banco pone a su disposición para gastar en lo que les dé la gana, y esto, gracias a su historial crediticio o a que su banco ha detectado que tiene los ingresos suficientes para pagarlos.

Conozco gente que ha sacado esa cantidad de dinero porque su banco se los está prestando para gastar en lo que ellos quieran y así lo hacen, lo hacen tan rápido que ni saben en que se lo gastan y se la pasan pagando ese crédito por años… mi recomendación es, *si no vas a ocupar ese dinero en algo que te genere dinero mejor ni lo agarres*, pues es crédito que tendrás que pagar con intereses… si gastas tus créditos en carros, joyas, zapatos y ropa de marca (juguetes caros) ¡te estas metiendo en problemas!, más adelante podrías terminar en apuros financieros y lo peor es que hasta te podrías arrepentir de haber gastado en esas tonterías… eso es **deuda mala.** *No te genera ingresos.*

También conozco gente que tiene su guardadito en el banco, y como el banco ve que el cuentahabiente tiene dinero le ofrece crédito (para cobrarle intereses) pero estas personas se dicen a sí mismas que para qué quieren crédito si no lo necesitan y bien por ellos, saben decirse a sí mismos… *"no lo necesito".*

En cambio también hay gente que tiene dinero en el banco (gente rica), gente que tiene mucho dinero y el banco les ofrece crédito y adivina que hacen… si piensas que dicen que no, te equivocaste, *dicen que sí* , ¿porque? Porque ellos piensan en hacer negocios con ese dinero que le presten y adivina, de esos negocios sale el dinero pagar la deuda más los intereses y por obvias razones terminan teniendo su dinero del banco y dinero adicional por su nuevo negocio por el préstamo obtenido, eso se le llama *deuda buena. Obtienen financiamiento para hacer inversiones que generen ingresos.*

Ahora dime que prefieres… *¿deuda buena o deuda mala?*

No huyas de las deudas

Supongamos que viene un amigo todo enfadado, haciendo cara, fastidiado y te dice, ya estoy harto que la vecina me cobre, ya le dije que no tengo dinero para pagarle. ¿Tú que le contestarías?

De mi parte yo le diría: ahh te entiendo amigo pero sabes que, tu eres quien tiene la culpa de deberle, quizás ella en algún momento te ofreció algún producto que vendía y tú le dijiste que si porque te lo ofreció a crédito. Ella te dio la confianza de que le pagaras tiempo después, si solo te la vives quejando sin pagar siempre tendrás el mismo problema. Te recomiendo llegues a un acuerdo con ella de cuando podrás pagarle pero ya no le quedes mal porque quedas como mal pagador y puede que ella se encargue que todo el mundo lo sepa y, cuando necesites algo a crédito o dinero prestado te será más difícil conseguir el préstamo por tu fama de mal pagador.

Si huyes de las deudas perjudicas tu imagen y hasta la de tu familia. Recuerda. El crédito es la promesa de un pago a futuro.

¿Tienes deudas con varios bancos y deseas pagarlas en poco tiempo?

En algún momento la mayoría de nosotros se vio en apuros financieros por falta de educación o como le quieras llamar, pues llega el momento que tienes tantas deudas que ya no puedes abonar más que el mínimo de pago a cada una y cada que tienes algo de dinero piensas en abonarle un poco más a cada tarjeta y esa es una *forma incorrecta* de pagar tus deudas.

Obviamente esas deudas no se hicieron solas, están ahí por tu mala cabeza, disculpa que te lo diga pero así es. Están ahí por tus malos hábitos de gasto que has tenido durante meses o hasta años comúnmente que no hay más que modificarlos. Si no los quieres cambiar, entonces tus problemas financieros siempre estarán ahí.

Hay muchas cosas por las que puedes estar endeudado por solo estar fuera de tus posibilidades. Entiendo que nadie le gusta limitarte pero hay que entender que no eres Carlos Slim o Bill Gates para gastar como si no hubiera mañana.

Quiero darte un consejo de 7 pasos para liquidar esas deudas lo antes posible, personalmente la he usado y he terminado de pagar mis deudas en poco tiempo, claro, todo dependerá que tan grandes son tus deudas, hay a quienes les lleva 6 meses siguiendo este consejo, hay a quienes les lleva 1 año o hasta 7 años, todo depende que sigas estos consejos y los pongas en práctica inmediatamente.

Al principio el avance lo verás lento pero a medida que vas pagando tus deudas el pago se vuelve más rápido o bien como decimos aquí en México "Agarra vuelo" y acabas de pagar más rápido que si las quisieras pagar todas al mismo tiempo.

7 Pasos para salir de deuda de manera eficaz

Paso 1: Si descubres que estás en un hoyo... deja de cavar: La mejor manera de salir de deudas rápido es dejar de utilizar tu tarjeta de crédito, al menos por un tiempo en lo que saldas todas tus deudas, no seas necio y sigas pagando todo con ella, si no nunca terminarás de pagarlas, sólo te hundirás más y más hasta que llegues al colapso financiero. Si las usas, liquida esa deuda a lo mucho en 30 días para no generar intereses adicionales.

Paso 2: Enumera todas las deudas que tienes. TODAS.

Paso 3: Ordénalas de la más barata a la más Cara o bien de la que debes menos a la que debes más y cuanto pagas por ellas mensualmente. Te sugiero empieces por la deuda más pequeña para que no pierdas la motivación de ver cómo esas deudas van desapareciendo una a una, te sentirás inspirado cada vez que veas menos cuentas por pagar.

Paso 4: Consigue de 700 a 1300 pesos adicionales cada mes (o bien al menos consigue un 5% adicional a tu ingreso, si tus ingresos suman 5,000.00 debes conseguir 250.00 (5%)): ingéniatelas para conseguirlos mensualmente, demuéstrate a ti mismo que tu genio financiero puede encontrar la manera de generar dinero. Si no lo consigues nunca podrás alcanzar la libertad financiera que tanto deseas, ya que si no puedes conseguir esta cantidad mucho menos podrás generar más recursos y todo lo que hayas dicho sobre tu libertad económica no será más que un sueño.

Paso 5: Esos 700 a 1300 pesos adicionales destínalos al pago de _solo una_ de tus tarjetas de crédito. Desde ahora adicionarás al mínimo a pagar los 700 a 1300 pesos mensuales que vas a conseguir a esa tarjeta de crédito que elijas. Paga solo el mínimo en las demás tarjetas, normalmente pasa que quieres abonar un poco más del mínimo para salir más pronto de la deuda pero para tu sorpresa nunca terminas de pagar. Sigue este consejo y empezarás a ver resultados rápidamente.

Paso 6: cuando liquides la deuda de esa tarjeta de crédito paga a otra tarjeta el mínimo MAS la cantidad que venias pagando a la tarjeta anterior. Si sigues constante y sigues este consejo, esas deudas que tanto te atormentan desaparecerán más rápido. Así según pagues una deuda aumentará el pago a tu siguiente deuda.

Cuando termines con esta seguirás el mismo proceso con tus demás deudas de tarjetas de crédito, créditos de tiendas departamentales, y por ultimo con el crédito de tu automóvil hasta con el de la hipoteca de tu casa. Puede que terminas hasta en 7 años o menos según la hipoteca y el costo de tu automóvil.

Paso 7: ya que has liquidado todas tus deudas, esa misma cantidad ponla a trabajar mediante inversiones. Así de fácil. Continua. No desesperes. Pronto tendrás activos que generen dinero y te acercarás a tu libertad financiera.

Consejos adicionales para el pago EFICAZ de tus deudas

- **Haz una reestructuración de deudas (visto en el Capítulo 3):** Una reestructuración quiere decir que hables con tu banquero haciendo un nuevo acuerdo de deuda, hay diversas posibilidades en el que acuerdes pagar menos y mensualidades fijas. Habla con tu banquero. En una ocasión llegué a tener una deuda por la que pagaba 3,200 mensuales al banco. Llegó el momento en que no pude pagar esa cantidad y lo que hice fue ir al banco para pedir que me le bajaran a la mensualidad que pagaba logrando me la dejaran en 2,300 al mes. A eso se le llama reestructuración de deuda. Eso sí, cuanto menos pagas ten en cuenta que tardas más en pagar y a largo plazo pagas más intereses pero para este tipo de situación si sería una gran ayuda bajarle a la mensualidad a pagar.

- **Transfiere tu deuda a otro banco:** Normalmente todos los bancos tienen este tipo de servicio en el que atraen nuevos clientes cobrándoles menos de lo que otros bancos lo hacen. En una ocasión me ofrecieron trasladar mi deuda de un banco que tenía una tasa de interés anual de 54% anual para que me cambiara con ellos que solo me cobrarían el 18% al año. Visita una sucursal del banco de tu agrado y pregunta por este servicio. Te será útil para disminuir tus pagos mensuales.
- **Paga tus deudas a tiempo:** al hacerlo evitarás pagar intereses adicionales y comisiones por pago tardío.
- **No uses cajeros automáticos que cobren comisión:** Si gastas tu dinero en esto es como si te cobraran por usar dinero que es tuyo.

Controla tus malos hábitos:

- Revisa el presupuesto que hiciste en el capítulo tres, observa. De lo que está ahí, ¿a qué le puedes dejar de dedicar algo de dinero sin que te afecte?
- Si tu presupuesto para comida es de 3500 pesos al mes y ya lo rebasaste omite la comida chatarra. Hazte un favor y evita gastos innecesarios.
- La luz que no ocupes en tu casa apágala, ahorra en tarifas de Electricidad.

- Deja de comprar por impulso, lo único que conseguirás con eso es hundirte más en las deudas y se harán interminables.
- Consigue un empleo y haz un negocio de medio tiempo para conseguir ingresos adicionales y terminar más rápido con tus deudas y empezar a invertir.
- Agrega otros puntos que sientas te pueden ayudar a reducir gastos.

Espero estos consejos te sirvan, los pongas en práctica y empieces a invertir en Activos reales que generen ingresos y estés próximo a conseguir tu libertad económica. Son pasos que en lo personal he seguido y me han beneficiado mucho y espero que a ti también.

Consejo de Crédito

Antes de hacerte de algún crédito, fíjate en las tasas de interés del banco. Haz comparaciones entre varios bancos a ver cuál es la más barata, incluso puedes ocupar la página de la CONDUSEF (Comisión Nacional para la Protección y Defensa de los Usuarios de Servicios Financieros) para eso, Ahí aparecen todas las tarjetas de crédito que se ofrecen al día de hoy, se puede comparar entre varias tarjetas y varios bancos a la vez para que así hagas la mejor elección, Fíjate en el % que dice CAT (Costo Anual Total) el que tenga el porcentaje menor es la más barata.

La página de la CONDUSEF es: http://www.condusef.gob.mx/

Infórmate y apaláncate inteligentemente.

Capítulo 5

Las Matemáticas Del Éxito

"Cada fracaso lleva consigo la semilla de un éxito equivalente"

- Napoleón Hill

El pensar de la gente pobre es que el dinero es la raíz de todos los males. Pero te has dado cuenta que toda la gente que dice eso es porque en verdad no tiene pasta, dinero, lana o como le digas es la verdad, la gente que dice que el dinero no importa es porque no tiene. Así de sencillo.

Entonces la realidad es que:

"No tener dinero es la raíz de todos males", recordando siempre que el dinero es un medio y no un fin, el dinero por sí solo no vale, no es bueno ni malo, es solo el medio que te permite tener lo que te gusta.

En ocasiones hemos visto cosas que nos encantan, cosas que queremos, cosas que deseamos, cosas que no están a nuestro alcance económicamente pero siempre pueden estar al alcance de todos con nuestros pensamientos, recuerda, desde nuestra manera de pensar notamos si algo que deseamos algún día podrá ser nuestro. Como dice Napoleón Hill en su libro: Piense y hágase rico:

"UN DESEO ARDIENTE DE SER Y HACER es el punto de partida que debe tener todo soñador. Los sueños no nacen de la indiferencia, no nacen de la pereza ni de la falta de ambición"

Muchos lo que hacen al ver lo que les gusta es decir: "no puedo comprarlo, no puedo darme ese lujo, no me lo merezco"... enseguida nuestro cerebro se cree lo que decimos y lo bloqueamos y ya no piensa más; en cambio si vemos algo por lo que sientes amor a primera vista y bueno, sabes que no te alcanza pero te preguntas ¿Cómo puedo conseguirlo, que puedo hacer para poseerlo? Estamos forzando a nuestro cerebro a pensar las maneras en que podremos obtenerlo, trabajando inteligentemente. Ejercita tu cerebro de esta manera y créeme te sorprenderás del genio financiero que llevas dentro. Idearas cosas que ni imaginabas llegar a pensar. Cosas impresionantes que solo pueden pasar al hacerte las preguntas correctas.

Algo que me ha pasado muy a menudo es conocer personas con hijos que siempre se están quejando de que no tienen dinero y en parte me hacen sentir mal porque de cierta forma, quizás inconscientemente le cargan la culpa a los hijos de su situación económica. ¿Porque digo esto? Porque a veces dicen: "yo no tengo dinero porque tengo hijos (y limitan su cerebro a eso)" en cambio para mí la manera correcta de pensar sería que *"debo hacer dinero, conseguir riqueza, hacerme rico, crear negocios, tener libertad, tener tiempo PORQUE TENGO A MIS HIJOS"*. Obliga a tu cerebro a pensar positivo. Recuerda que tu subconsciente no distingue entre lo que es cierto y lo que es mentira por lo que si piensas que eres pobre *siempre* serás pobre y si inundas tu mente con pensamientos millonarios ¿cuál crees que sea la consecuencia?... ¡¡exacto!! Tu cerebro se la creerá y LLEGARÁS a ser rico, eso sí:

"No lo conseguirás sólo pensando, lo conseguirás accionando"

Complementa lo que dice Napoleón Hill de tener un Deseo Ardiente con la acción y los resultados serán impresionantes.

Y... ¿cómo accionar?

Eso pregúntatelo a ti mismo, ¿qué sabes hacer?, ¿qué te gusta hacer?, ¿eres el mejor haciéndolo? ¿Lo harías sin que te pagaran?

Si respondes estas preguntas correctamente puedes encontrar tu pasión y convertirla en dinero, puede que te guste cantar, escribir, enseñar... lo que sea. Si te gusta, te capacitas y te vuelves experto, el dinero te seguirá indudablemente.

Te pregunto si lo harías sin que te pagaran, porque si lo harías de esta forma es porque amas esa actividad, y si amas lo que haces nunca te aburrirás y lo harás con toda tu pasión para hacerlo mejor que nadie. *Y que te paguen por lo que amas, no tiene precio.*

¿Tener cosas costosas te hacen rico?

¿Tú que piensas? ¿El hecho de tener cosas costosas te hacen ser rico? Verdaderamente NO. Muchas veces puede revelar justamente lo contrario porque, al menos algunos de mis conocidos pasaba y sigue pasando muy a menudo que pretenden aparentar que pueden tener muchas cosas caras como teléfonos celulares de alta gama y modelos recientes, lo chistoso es que no lo saben usar, solo lo usan para llamar y para mandar mensaje, "tienen" ropa de marca, carros del año y ese tipo de juguetes caros, pero sabes que pasa –es la parte triste – , lo que pasa es que todo eso que tienen no es de ellos porque lo deben, en la mayoría de los casos solo pagan el mínimo que les pide el banco lo que quiere decir que en caso de imprevistos terminaran en un desastre financiero pues no tendrán para pagar y si no lo pagan las tasas de intereses se dispararán pues ya no son solo los interés normales que te cobran, te cobran el pago normal más los interés por retraso, uff, se hace una deuda más grande y ahí es donde pasa que luego abonan el mínimo sin considerar los nuevos intereses y es donde tiempo después les marca el banco solicitándoles el pago restante (intereses por no pagar a tiempo) y resulta que ya no tienen y se les hace más deuda y terminan sobre endeudados sin saber de dónde sacar más dinero (Se llenan de deudas malas).

Por eso te digo: el hecho de "tener cosas caras" no te hace rico. Solo te hace sentir rico pero nada más.

En la vida he conocido a muchas personas que se la pasan maldiciendo por el mal sueldo que tienen (yo era uno de ellos), que esperan que un día les llegue esa súper oportunidad que resolverá todos sus problemas financieros… pero pasan los años y no hay modo que les llegue la solución y, Nunca les llegará por sí sola, tienes que salir a buscarla y cuando la encuentres aprovecharla porque *la oportunidad es como una amante celosa, si la atiendes es tuya pero si no simplemente se va (no pierde el tiempo contigo).*

¿Por qué digo esto? Porque la mayoría no hace nada para cambiar su situación financiera.

Me recuerdan la siguiente historia:

El Sacerdote y el Rabino

Un sacerdote y un rabino que fueron a ver una pelea de box. En eso uno de los boxeadores se persignó antes de entrar al ring. Entonces el rabino le preguntó a su amigo el sacerdote para qué sirve tal gesto. "Para nada, si no sabe pelear".- Contestó el Sacerdote.

Así pasa en la vida real. De nada te servirá persignarse si no quieres esforzarse, si no conoces tu trabajo, si no te preparas. Persignarse y esperar que Dios trabaje por nosotros, no produce riqueza, sino más bien mediocridad. Encomendarse al todopoderoso y no hacer nada por nosotros mismos, es un acto suicida.

El señor no avala a los ociosos. No importa tu cansancio, ni tus deudas, nadie puede triunfar por ti. Cruzarse de brazos para luego decir "Dios sabe porque hace las cosas", es un gesto conformista. En el mundo de los negocios no ocurren milagros sin fundamento. Si quieres triunfar, tienes que poner de tu parte... tienes que ser una persona de acción.

Hay una máxima que dice: "A Dios rogando y con el mazo dando".

Un amigo siempre repite: "Trabaje como si todo dependiera de usted y ore como si todo dependiera de Dios".

Dios te dará dinero pero te ha dado el activo más grande que le puede dar a una persona: CEREBRO. Así que si no sabes hacer dinero, no te llegará por arte de magia por más excusas que te inventes. Avanza con Dios en el corazón, con el conocimiento de tu cabeza y emprende acción.

Habiendo leído esto entonces... ¿crees que las cosas se harán solas? O ¿seguirás pensando que con solo persignarte como el boxeador conseguirás resultados? Es hora de emprender el vuelo, de tomar acción, de crear tu propia suerte. Tienes que actuar. Recuerda:

"No culpes a Dios ni a los demás por las consecuencias de tu inacción"

Comprende esto:

"Si eres de los que le piden a Dios que te ayude pero no haces nada para lograr lo que quieres alcanzar; entonces, no quieres que te ayude. QUIERES QUE HAGA TODO POR TI".

En todo momento tenemos que hacer elecciones pero la primordial es que siempre digamos a nosotros mismos la verdad sobre lo que sentimos. No es necesario decirle a otra persona, con que seas honesto contigo mismo podrás encontrar lo que no te está permitiendo avanzar.

Habiendo dicho esto prepárate para recibir la mejor educación de tu vida. Estos conceptos y estas prácticas financieras las conocen pocas personas, y tú serás parte de esas pocas personas que recibirá esa educación financiera que no aprendiste en la escuela.

Conceptos financieros básicos

Antes de empezar a explicarte los estados financieros básicos para el control de tus finanzas quiero que analices los siguientes conceptos que te servirán para comprenderlos mucho mejor.

Activo: es aquello que lleva dinero a tu cuenta bancaria regularmente sin la necesidad de trabajar (inversiones).

Pasivo: es aquello que saca dinero de tu cuenta bancaria regularmente (deudas que no generan ingresos).

Patrimonio: es la diferencia que existe entre tus activos y tus pasivos. Si es negativo quiere decir que debes más de lo que tienes o bien estas en bancarrota, si es positivo quiere decir que debes menos de lo que tienes y si es cero prácticamente seria decir que no tienes nada pues todo lo debes.

Flujo de efectivo: es la diferencia que te queda después de restar tus ingresos menos tus gastos (visto en el capítulo 3)

Ingreso Pasivo: son ingresos que recibes regularmente de tus inversiones (activos) de manera mensual trabajes o no.

Ya habiendo analizado un poco los conceptos quiero mostrarte una hoja de Estado Financiero llamado *Balance General*, mírala un momento y piensa: de lo que tienes ¿Qué forma parte del activo y qué forma parte del pasivo?, aquí te doy un ejemplo para que te des una idea:

ACTIVOS		PASIVOS		
Ahorros		**Hipoteca**		
Bienes raices		**Deuda Automovil**		
Casa en renta		**Tarjetas de Credito**		
Departamento		**Prestamos Bancarios**		
		Otras Deudas		
Negocios		**Deuda Negocio**		
Tienda				
		TOTAL PASIVO	$	-
TOTAL ACTIVO	$ -	**PATRIMONIO**	$	-

Al momento de hacer un análisis a tu balance general solo pueden haber tres resultados si:

1. No tiene activos ni Pasivos. : Estas bajo el esquema de la gente pobre.

ACTIVOS		PASIVOS		
		TOTAL PASIVO	$	-
TOTAL ACTIVO	$ -	**PATRIMONIO**	$	-

2. Solo cuentas con pasivos. Estas bajo el esquema de la clase media

ACTIVOS		PASIVOS	
		Hipoteca	
		Deuda Automovil	
		Tarjetas de Credito	
		Prestamos Bancarios	
		Otras Deudas	
		Deuda Negocio	
		TOTAL PASIVO	$ -
TOTAL ACTIVO	$ -	PATRIMONIO	$ -

3. Si cuentas solo con activos o bien si tus activos son mayores que tus pasivos –recordando que los activos generan dinero y los pasivos te lo quitan- estas bajo el esquema de la gente rica o bien te estas dirigiendo a ser rico y si continuas aumentando tu columna de activos muy pronto llegarás a obtener tu libertad financiera, quiero recalcar que la mayor parte de las deudas que tienen los ricos son deudas buenas, lo que quiere decir que sus deudas le están generando dinero ya que fueron adquiridas en la adquisición de un activo. Ejemplo, compra un Departamento mediante una hipoteca para rentarlo e irlo pagando con la mensualidad que le pague el inquilino.

ACTIVOS		PASIVOS	
Ahorros		**Hipoteca**	
Bienes raíces			
Casa en renta			
Departamento			
Negocios			
Tienda			
		TOTAL PASIVO	$ -
TOTAL ACTIVO	$ -	**PATRIMONIO**	$ -

¿Ya has determinado en cuales esquemas estos? Si estas bajo el esquema de la gente pobre o bien bajo el esquema de la gente de clase media, recuerda que *todo en este mundo tiene solución.*

Porqué los ricos son cada vez más ricos

Esta es la cuestión que todos alguna vez nos hemos preguntado, tal vez suene muy simple, pero esta es la respuesta. ¿Estás listo para escucharla de tus mismos labios al leerla?

El secreto de los ricos es que ellos se enfocan en su columna de activos y la hacen crecer en cada oportunidad que se les presenta, así sus ingresos aumentan cada vez más y, algo que los distingue es que se compran los lujos al final ya que sus ingresos provenientes de sus activos son lo suficientemente altos para pagarlos y así no tener que trabajar más liquidarlos.

La clase media solo se preocupa en estar cómoda adquiriendo pasivos para poder darse la vida de ricos que todavía no les corresponde y es por ello que terminan altamente endeudados y al final *si les queda dinero,* invierten.

Los pobres simplemente no piensan en activos y nunca adquieren pasivos y si lo hacen tardan años en pagarlos.

¿Recuerdas el Estado de Resultados personal que llenaste en el capítulo 3 del presupuesto?

Es momento de fusionarlo con el balance general para que veas tu situación real. Para saber cómo están tus ingresos, tus gastos, como están balanceados tus activos VS tus pasivos, cuanto tienes de flujo mensual REAL al mes, cual el patrimonio que vas a heredar y sobre todo vas a saber *cuánto ingreso pasivo necesitas para obtener tu libertad financiera en este momento.*

Si quieres obtener la herramienta de manera Gratuita Sólo mándame un correo con el Asunto: *Herramienta de las matemáticas del éxito* a elmillonariodentrodeti@gmail.com.

O bien puedes hacerlo en la libreta de tus preferencia (te aconsejo que sea especial para revisar tus finanzas), como sientas que sea más cómodo.

A continuación están los dos Estados Financieros que usarás para saber tu situación actual REAL y tomar control sobre ella.

Nombre: _____

Estado de Resultados Personal

INGRESOS		%
Salarios	_____	_____
Honorarios	_____	_____
Intereses y/o dividendos	_____	_____
Financiamiento	_____	_____
Otros Ingresos	_____	_____

INGRESO PASIVO	_____	_____

TOTAL DE INGRESOS	$ _____	100%

GASTOS		%
Ahorro	_____	_____
Impuestos	_____	_____
Hipoteca / Renta	_____	_____
Pago de Préstamos	_____	_____
Pago Tarjeta de Credito	_____	_____
Mensualidad Auto	_____	_____
Colegiaturas	_____	_____
Gastos por niños	_____	_____
Otros Gastos		
TOTAL DE GASTOS	$ _____	_____

Flujo de Efectivo del Mes	$ _____	_____

BALANCE GENERAL

ACTIVOS	
Ahorros	_____
Bienes raices	_____
Casa en renta	_____
Departamento	_____
	_____
Negocios	_____
Tienda	_____
	_____
	_____
TOTAL ACTIVO	$_____

INDICE DE LIBERTAD FINANCIERA

Tu Número de Libertad Financiera es:	$_____

Recuerda que la libertad Financiera se logra cuando los:

Ingresos Pasivos		Gastos Mensuales
$_____	Son Mayores a	$_____

Para lograr tu libertad Financiera $ _____

Nota:

* Si el cuadro se pinta de verde es porque tus ingresos pasivos han superado a tus gastos Mensuales, Es decir, que *¡YA ALCANZASTE LA LIBERTAD FINANCIERA!* *¡MUCHAS FELICIDADES!*

* Si se pinta de Rojo es porque tus Gastos siguen siendo mayor a tus INGRESOS PASIVOS.

PASIVOS	
Hipoteca	_____
Deuda Automovil	_____
Tarjetas de Credito	_____
Prestamos Bancarios	_____
Otras Deudas	_____
Deuda Negocio	_____
TOTAL PASIVO	$_____
PATRIMONIO	$_____

Obviamente los conceptos que señalé en los estados financieros están muy simplificados pues todos tenemos gastos por agua, luz eléctrica, gastos de teléfono, gastos por salud, medicinas, en fin muchas cosas, lo que harás es que adaptarás los estados financieros según lo requieras.

Recuerda que el Estado de Resultados personal mide tus ingresos VS tus gastos teniendo como resultado tu flujo de efectivo mensual. El balance general hace la comparación que existe entre tus activos y tus pasivos para saber cuál es el patrimonio que tienes al día de hoy.

Algo que me falta por explicarte es que si tienes una casa en la que vives, esa casa se coloca en la parte de los activos (aun así no genere dinero pues es lo que tienes aunque no es tuyo) sabiendo que ese activo te está generando pasivos ¿Por qué? Porque el tener una casa implica, pagar la luz, pagar el agua, amueblarla y muchas cosas, recuerda que el pasivo es aquello que te saca dinero regularmente. Se toma como activo dado que lo tienes, como pasivo por la deuda y te afecta tu Estado de Resultados personal en el apartado de gastos cuando te saca dinero para poner darle mantenimiento, eso es deuda mala ¿lo recuerdas?

En cambio si la casa la ocupas para rentar es un activo REAL dado que te estará generando dinero, es un activo que te genera dinero trabajes o no, y ese dinero que genera se llama Ingreso Pasivo que te he comentado anteriormente.

El índice de Libertad Financiera

Este apartado es nuevo. En este apartado conocerás cuál es tu número de libertad Financiera. Es decir cuánto dinero necesitas realmente para decidir trabajar o no y aun así sigas teniendo el mismo nivel de gastos que ahora. Para ello vamos a realizar nuevamente nuestro estado financiero pero, esta vez te pediré que consideres gastos que tengas anualmente como pueden ser inscripciones de tus hijos a la escuela, pagos especiales del crédito de tu auto (cuota anual), vacaciones, ropa, gastos por cumpleaños, en fin, debes considerar gastos que puedas tener en el año diferentes a los que normalmente tienes mes con mes, los divides entre 12 (meses) para obtener la parte proporcional del mes de dicho gasto y agregarlo al estado financiero y así tener tu número de libertad financiera.

Puedes dirigirte a la parte de los anexos donde te muestro una lista de los posibles gastos que se pueden tener, si hay alguno que no consideré puedes agregarlo a tus estados de resultados en el apartado de gastos.

INDICE DE LIBERTAD FINANCIERA

Tu Número de Libertad Financiera es:	$_____

Recuerda que la libertad Financiera se logra cuando los:

Ingresos Pasivos	Son Mayores a	Gastos Mensuales
$_____		$_____

Para lograr tu libertad Financiera	$_____

Nota:
* Si el cuadro se pinta de verde es porque tus ingresos pasivos han superado a tus gastos Mensuales, Es decir, que *¡YA ALCANZASTE LA LIBERTAD FINANCIERA! ¡MUCHAS FELICIDADES!*
* Si se pinta de Rojo es porque tus Gastos siguen siendo mayor a tus INGRESOS PASIVOS.

Tu número de libertad financiera: Es el gasto que debes cubrir al mes. (Ver gastos mensuales)

Ingreso Pasivo: Es el ingreso que proviene de tus activos aun así trabajes o no.

Gastos mensuales: son todos los gastos que haces conforme pasa el mes más el promedio de los gastos anuales.

Para lograr tu libertad financiera: este apartado se obtiene de restar tus ingresos pasivos menos tus gastos mensuales. El número que te indique es lo que te falta para lograr tu libertad económica.

Si no quieres hacer todas estas operaciones de manera manual recuerda que puedes obtener el formato ya formulado en Excel para que solo metas tus datos y así la vida te sea más fácil jeje.

Ya habiendo hecho el ejercicio dime:

¿Cómo te sientes de saber cuál es el número de tu libertad financiera?

En el caso que estés lejos de alcanzarla, ¿Qué harás para conseguirla?

Si ya estas encaminado te felicito, son pocos los que lo logran y si sigues los consejos vistos en este libro, la alcanzarás, pero solo siendo constante, cumpliendo tus metas financieras. Te lo prometo.

Capítulo 6

Aprende a Invertir

"Si usted invierte en su mente, su mente se encargará de llenar sus bolsillos"

- **Benjamín Franklin**

Inversión

Si ya seguiste los consejos de los capítulos anteriores ahora lo que toca es aprender a invertir tu dinero. Amigo, El solo hecho que ahorres no va a hacerte prosperar. ¿Por qué? Porque tu dinero está perdiendo valor, cuanto más tiempo pase tu dinero sin moverse, sin invertirlo ¡pierde poder adquisitivo! lo que significa que con el tiempo compras menos con ese dinero a menos de que lo hagas multiplicarse.

Bueno, y entonces… ¿Qué es una inversión?

En muchas ocasiones la gente confunde un gasto con una inversión. Se pasan la vida justificando que los juguetes caros que se compran (autos, relojes de marca, en fin todo aquello que compran para decorarse la vida) es inversión. Pero para que esta sea una inversión debe cumplir con ciertos requisitos. El hecho de que ames mucho tu auto tuneado no significa que sea una inversión.

- **Debes tener intención de revenderlo.** o bien te sirva como medio para generar dinero no para gastarlo (en el caso del auto personal te genera gastos por mantenimiento, gasolina entre otros).
- **Debe aumentar su valor con el tiempo.** Si compras algo de decoración, si no es un bien escaso (por ejemplo alguna figura de colección) entonces nunca aumentará de valor lo que lo convierte en un gasto pues no habrá reventa a un precio mayor al de compra. Recuerda que los negocios no están ligados con sentimentalismos.

Si tu "inversión" no cumple los dos puntos anteriores simplemente es un gasto. No te engañes a ti mismo.

Define tus metas antes de empezar

Antes que pienses a invertir debes preguntarte tres cuestiones básicas:

- ¿Qué es lo que te gusta (cual negocio) que aunque pases por un mal rato nunca llegarás a odiarlo?
- ¿Cuánto tiempo puedes dejar ese dinero (el que inviertas) sin tocarlo?
- Y la más importante ¿para qué o porqué lo hago?

Si te respondes las dos primeras pero no la última será más difícil que tu inversión tenga rumbo, pues si no tienes el para qué haces las cosas no tendrás motivación alguna para la culminación de tus metas. Encuentra tu motivación.

Puedes darte motivos para invertir, para lograr tu libertad financiera. Date motivación escribiendo que quieres y que no quieres en tu vida. Te pongo un ejemplo personal.

Cosas que quiero

Quiero lograr mi libertad financiera para poder estar mi familia de tiempo completo

Cosas que NO quiero

- No quiero tener deudas
- No quiero tener que depender de un sueldo para vivir
- No quiero trabajar todo el día
- No tener el dinero suficiente para los gustos que quiera darme

Tomate el tiempo necesario para hacer una lista con las cosas que quieres y lo que no quieres en tu vida en una tarjeta que puedas llevar contigo todos los días para leerla en cada oportunidad que tengas y así siempre tener la motivación necesaria para tomar acción y hacer lo que sea necesario para acercarte cada día a tus objetivos allí escritos.

El riesgo en la inversión

"El riesgo no se elimina solo se controla"

Recuerda que los rendimientos en una inversión serán directamente proporcionales al riesgo que corras. A mayor riesgo mayores beneficios y viceversa.

El control del riesgo es como cuando manejas un auto:

Al principio es muy riesgoso manejarlo cuando eres aprendiz pero a cómo va pasando el tiempo y le vas entendiendo deja de ser riesgoso pues ya sabes cómo manejar. Así es con el riesgo en las inversiones. Todo se trata de saber controlar el riesgo (el auto). A como pasa el tiempo lo dejas de ver como riesgo, simplemente lo sigues haciendo como si fuera cualquier cosa fácil por hacer y obtienes rendimientos sin problemas.

Cada inversión tiene su riesgo, y de acuerdo al riesgo es el tiempo en que puedes ver los beneficios, al tiempo en que vas a tener tu inversión se le llama *horizonte de inversión*, puede ser un día, una semana, un mes, un año, veinte años, en fin todo depende para que vas a usar el dinero y en cuanto tiempo lo vas a ocupar, de acuerdo a eso será en lo que debas invertir.

Si vas a usar tu dinero en lapso de un mes o hasta seis meses no te recomiendo lo metas a un negocio dado que al principio este gasta más de lo que te puede generar de utilidades, este es para invertir a un plazo de 1 año o más para empezar a ver beneficio.

Antes de invertir siempre considera lo siguiente:

- **Liquidez:** cada cuanto tiempo dispones para sacar tu dinero sin cargos ni penalizaciones.
- **Horizonte de inversión:** cuanto tiempo debes tener invertido tu dinero para ver los beneficios.
- **Rendimiento:** cuanto ha dado anteriormente en beneficios para que te des una idea, aunque eso no garantiza nada a futuro.
- **Riesgo:** cuál es la posibilidad de que algo salga mal y pierdas parte de tu capital.

Si tienes un dinero que no vas a usar en dos o tres años puedes meterlo a la bolsa de valores que te da rendimiento promedio en 30% pero no siempre es lo mismo, hay años que ha tenido pérdidas del 24% y otros que ha ganado más de 40% por ello depende mucho el tiempo que lo vas a dejar para ver los beneficios.

Asesórate y de acuerdo a tus metas, tu asesor te dirá en que lo debes invertir según tu horizonte de inversión.

Si tienes algún dinero guardado para invertir no lo piensas más INVIERTE YA aunque sea en un pagaré bancario, da poco rendimiento pero empiezas a ganar así que hazlo ya, pon tu dinero a trabajar desde hoy. Porque lo que inviertas hoy te puede generar rendimientos desde hoy, si lo inviertes mañana ya estarías ganando una centésima o una milésima menos. Recuerda que tu dinero vale más hoy de lo que puede valer mañana debido a la inflación.

Antes de invertir... analiza

En ocasiones nos conviene más invertir en productos financieros como el pagaré que en otro tipo de productos financieros.

Por ejemplo si te ofrecen pagarte 240 pesos al final del año en un Negocio que está iniciando con riesgo a quebrar el primer año, analiza cuanto debes prestarles hoy para que te den esa cantidad al término del año.

Compáralo con un pagaré que te da el 5% anual, entonces, si les tienes que dar más de 227.49 por esa inversión ve mejor al banco y mét900lo a un pagaré ya que es más seguro que te lo paguen, en este caso el negocio sería más riesgoso por intereses que no valen el riesgo.

Recuerda que tu dinero vale más hoy de lo que valdrá mañana a eso se le llama valor presente, se determina con la siguiente formula:

$$VP = \frac{\text{Monto que recibirás}}{(1 + \text{la tasa de interés})}$$

Quizás te quedes así O.O pero es solamente dividir el monto que vas a recibir entre la tasa de interés que te ofrecen más uno, multiplicado por el tiempo, que podrían ser dos, en caso de ser dos años.

Ahora lo que debes entender es que tu dinero vale más hoy de lo que pueda valer mañana. No trates tu dinero como si no valiera e infórmate bien de las inversiones antes de hacerlas.

Si ahora no tienes el dinero para un negocio. No te desesperes, empieza ahorrar con poco, métele al pagaré bancario desde mil pesos mensuales, así vas ahorrando y sirve que genera intereses, lo que te hará llegar más rápido al dinero que quieres juntar y así empezar la inversión que quieres hacer como puede ser un fondo de inversión y así ya te vas haciendo de más opciones para invertir.

Las tasas de interés

¿Porque tanto en los créditos como en las inversiones existen? El interés es el costo por el uso del dinero. En el caso de los créditos es lo que te cobran adicional a lo que prestas. En las inversiones son los rendimientos, la cantidad adicional al capital que recibes por prestar tu lana. Como dijo alguna vez un señor llamado Oliver Wendell Holmes:

"No pongas tu interés en el dinero, pero pon tu dinero a interés"

Esa es la recomendación que yo hago a quienes realmente no tienen tiempo o bien no se quieren dar tiempo para conseguir oportunidades de inversión. Si no tienes tiempo para buscar más opciones mete tu dinero a interés mediante un pagaré bancario que te da hasta 5% de interés al año, al fin no es mucho pero a nadie le cae mal un dinerito extra cuando vas de vacaciones o apoco no sería mejor tener para hospedarse en mejor lugar, comer en mejores lugares con el dinero generan tus ahorros, ahora en vez de vacaciones, es tener más dinero para invertir. Si solo dejas tus ahorros debajo del colchón recuerda que existe la inflación, es decir las cosas cuestan más caras y compras menos con el mismo dinero, si ganas intereses por lo menos conservas el valor de tu dinero, ponlo en pagarés bancarios que actualmente te están dando hasta 5% al año, al menos se mantiene arriba de la inflación así por lo menos tu dinero conserva su valor.

El interés simple

El interés simple es el beneficio que se obtiene al tener tu capital invertido durante cierto tiempo pudiendo ser mensual, trimestral, anual u otros horizontes de tiempo y estos se pagan al vencimiento de la inversión.

Únicamente es tu inversión más la tasa de interés prometida. Por ejemplo.

Raúl presta 10,000 pesos a su tía con a una tasa del 5% al mes y el acuerdo era pagado en dos meses. Por lo que la tía le paga al final del primer mes paga los 500 de intereses del mes, al segundo mes le pagó el capital (10,000) más el interés del siguiente mes 5% (500) así recibiendo 10,500. El efecto fue que pagó 1,000 de intereses. El 5% por cada mes (500.00).

Pero este es el principio básico de los intereses, hay una fuerza más poderosa. Como le llamó un famoso financiero alemán llamado Rothschild…

La octava maravilla del mundo

El interés compuesto es como magia porque multiplica de manera exponencial el capital inicial. Es parecido a sembrar una pequeña semilla de algo y después de un tiempo crece un árbol que te da numerosos frutos, no solo te da una parte sino que lo multiplica por muchos.

Un ejemplo sencillo de ver el efecto del interés compuesto a través del tiempo es el ver el siguiente esquema de ahorro de 10,000 al año durante 40 años a una tasa de interés del 5% comparando el interés simple vs el interés compuesto.

INTERÉS COMPUESTO

año	Ahorro anual	Acumulado	5%	Saldo Final
1	10,000.00	10,000.00	500.00	10,500.00
3	10,000.00	31,525.00	1,576.25	33,101.25
7	10,000.00	81,420.08	4,071.00	85,491.09
11	10,000.00	142,067.87	7,103.39	149,171.27
17	10,000.00	258,403.66	12,920.18	271,323.85
24	10,000.00	445,019.99	22,251.00	467,270.99
29	10,000.00	623,227.12	31,161.36	654,388.48
34	10,000.00	850,669.59	42,533.48	893,203.07
40	10,000.00	1,207,997.74	60,399.89	1,268,397.63
SUMAS	400,000.00		868,397.68	

INTERÉS SIMPLE (Sin reinvertir los intereses)

año	Ahorro anual	Acumulado	5%	Saldo Final
1	10,000.00	10,000.00	500.00	10,500.00
3	10,000.00	30,000.00	1,500.00	31,500.00
7	10,000.00	70,000.00	3,500.00	73,500.00
11	10,000.00	110,000.00	5,500.00	115,500.00
17	10,000.00	170,000.00	8,500.00	178,500.00
24	10,000.00	240,000.00	12,000.00	252,000.00
29	10,000.00	290,000.00	14,500.00	304,500.00
34	10,000.00	340,000.00	17,000.00	357,000.00
40	10,000.00	400,000.00	20,000.00	420,000.00
SUMAS	400,000.00		410,000.05	

Capital invertido	400,000.00
Saldo Final	1,268,397.63
Beneficio	868,397.63

Diferencia en beneficios	
$	458,397.58

Capital invertido	400,000.00
Saldo Final	420,000.00
Beneficio	410,000.05

Vemos que pasado el tiempo se ve una gran diferencia entre los beneficios que se reciben en el transcurso de los 40 años, el interés simple te los da año con año y el interés compuesto te los da al final pero los primeros intereses generan a su vez mas intereses por lo que en este ejemplo vemos que en 40 años recibiremos 458,397.58 más que si lo hubiéramos metido a interés simple.

¡Y la inflación apá!

La inflación es la pérdida de poder adquisitivo de tu dinero. Poniéndote un ejemplo. Aquí en México en el año de 1997 con 5 pesos me compraba una botana, una torta y un agua. Actualmente apenas me alcanza para la botana. ¿Te das cuenta que con el paso del tiempo compras menos con el mismo dinero?

Por poner otro ejemplo, supongamos que los doctores deciden subir sus precios lo que provoca que el precio por la salud aumente, las personas al darse cuenta que los doctores aumentaron sus precios ellos lo hacen también, entonces los contadores, abogados, mecánicos, todos, aumentan sus honorarios. Por lo que con el tiempo todo aumenta de precio. Eso es inflación. El alza generalizada de los precios. Así que querido amigo si eres de los que ahorran y solo lo pones debajo del colchón déjame decirte que eres un ahorrador que se está convirtiendo en perdedor. Perdedor por dejar que tu dinero pierda valor. Así que OCUPATE en hacerlo crecer.

¿Porque se da la inflación?

Hay muchas razones por la que se da la inflación pero la más común es porque el gobierno imprime cada vez más billetes y acuña más monedas. En todos los países se cuentan con reservas internacionales que es lo que le da el valor a tu dinero. Entonces si sigue siendo la misma reserva y se imprimen más billetes simplemente tu dinero vales menos porque se divide el valor entre el total de billetes. Es como si partieras un pastel para diez personas pero luego llegan otras diez (imprimes más billetes) por lo que tendrás que partir el pastel en veinte pedazos, es el mismo pastel (la misma reserva) pero comes menos por ser más gente (tu dinero vale menos).

Así que al meter tu dinero alguna inversión asegúrate que te genere valor al menos al nivel de la inflación para mantener el valor de tu dinero.

Rodéate de gente conocedora

Muchas veces al querer empezar a invertir no sabes en qué ni por dónde empezar. A veces por las prisas nos dejamos llevar por principiantes, por aquellos que nunca antes han hecho ninguna inversión. Lo ideal es que busques a personas que ya hayan invertido en lo que tú quieres invertir. Pide su consejo, has tuya su experiencia. La experiencia la puedes encontrar en una persona directamente, en algún libro, en un audio, un video y de muchas formas pero siempre busca armarte del conocimiento básico de la inversión, entiéndela primero para así después emprender. Si no entiendes una inversión déjala pasar, invierte en aquello que entiendas y sobre todo que ames para su mejor manejo y cuidado.

No te fíes mucho de los negocios en familia, porque en ocasiones por ser familia se creen con la confianza suficiente para disponer de tus recursos, recursos que te costó juntar a ti no a ellos. Por eso mi consejo es que te eduques en la inversión especifica que quieras hacer mediante libros, cursos, seminarios, entrenamientos o mediante alguna persona que conozcas tenga experiencia en lo que quieres.

Asesórate siempre con especialistas y no solo con soñadores o con quien solo dice que sabe. Fíjate que dicen sus conocidos, clientes, que tanto renombre tiene y cosas de ese tipo. No le entregues tu dinero a cualquier oportunista que se aparezca frente a ti diciendo saber de negocios para que no te lleves la sorpresa que tu dinero se esfume junto con tu asesor.

El atributo más hermoso de la inversión

Al momento en que metes dinero en algo es simplemente porque quieres ganar, quieres obtener beneficios, ganancias. ¿A quién le gusta perder dinero? A nadie verdad. Lo más hermoso de una inversión es cuando te empieza a dejar dinero mes a mes sin la necesidad que estés presente y a eso se le denomina:

Ingreso pasivo

Desde que somos pequeños en la mayoría de los casos solo nos educaron para buscar empleo. O demuéstrame lo contrario. ¿Recuerdas cuando ya estabas lo suficiente grandecito como para trabajar y pedias dinero? estoy completamente seguro que NO te decían, *ve a generar ingresos pasivos*. Verdad que no. Al contrario lo que te decían anda ve a buscar un empleo, ya estas grandecito. Nos daban educación para pobres y solo aprendimos a trabajar por el dinero y no hacer que el dinero trabaje para nosotros.

El universo quiere que seas rico pero primero te dará de acuerdo a tu capacidad. Pongamos un ejemplo de un niño que va a una heladería y compra un helado de una bola de nieve, ves que el niño va saliendo con su cono de helado y en eso se cae junto con su helado que termina en el suelo, luego tú te sientes tan conmovido y empático que le ofreces al niño comprarle otro como buena gente que eres, en eso el niño mira un poster con un helado de cuatro bolas y te dice que lo quiere y tu ¿se lo das? ¡**Claro que no se lo das!** ¿Por qué? Porque viste que no pudo ni con el de una bola. Así pasa con el dinero, se nos da de acuerdo a nuestra capacidad y cuando la aumentemos entonces el universo nos da más. Por eso es que estamos en la situación en la que estamos. Porque hasta ahora solo hemos sabido controlar esa cantidad de dinero. Hay quienes piden más pero el universo solo dice: "si apenas puedes con eso para que quieres más". Como dice T. Harv Eker:

"En la vida no se triunfa por casualidad sino por la preparación"

Cuando inviertas no te desesperes. Todo requiere tiempo.

¿Has escuchado la historia del ganso de los huevos de oro?

Es la historia en el que un granjero tenía una gallina que ponía huevos de oro (uno por día). Este granjero se alegraba de ver oro cada día, era oro que gastaba como si no hubiera mañana, era tanta su codicia y desesperación por gastar que no pudo ser lo suficiente paciente para recibir un huevo de oro por día por lo que un día desesperado mató a la gallina para sacarle los que tenía dentro pensando que el interior de la gallina era una mina de riqueza y al sacrificarla se llevó la gran sorpresa que no había nada diferente en comparación a las demás gallinas. Entonces, se quedó sin la gallina de los huevos de oro, dejo de recibir oro a diario por su estúpida desesperación.

Así pasa con las inversiones, en ocasiones nos desesperamos por no ver resultados rápidos, hay que tener presente que de acuerdo a la inversión, de acuerdo al riesgo serán los rendimientos que tengamos. Recuerda que a mayor riesgo mayor rendimiento y a menor riesgo menor rendimiento.

Lo que te sugiero es que si optas por la segunda opción, te capacites en inversiones para que así con el tiempo optes por la de mayor riesgo y tengas más y mejores rendimientos.

Inversión en negocios

Si vas a invertir en negocio lo primero que debes preguntar es:

- ¿Cuándo veré mi dinero de vuelta?
- ¿Qué obtengo como beneficio por mi inversión?
- ¿Cuánto recibiré en beneficios?
- ¿De dónde vendrán los beneficios que me pagarán? Debe de tener sustento sólido. Por ejemplo, cuando el banco te firma un pagaré (bancario) te dará 5% de intereses los cuales te los pagará prestando ese mismo dinero a terceros cobrando una tasa más cara. Eso es tener un sustento sólido.

Si inviertes en un negocio propio asesórate lo suficiente como para aprovechar las leyes a tu beneficio. Sabías que puedes bajar tus impuestos siendo generoso donando a instituciones de caridad de tu preferencia siempre y cuando estas estén constituidas legalmente como donataria autorizada, es decir que esté autorizada por la secretaria de hacienda para recibir donaciones. El gobierno ayuda a quienes apoyan a causas buenas. El gobierno ofrece estímulos por dar empleo, aquí en México se llama el fomento al primer empleo. Por ayudar al país de una u otra forma el gobierno también te ayuda siempre y cuando sigas la legalidad.

El negocio de los ricos... Los bienes raíces

Según Robert Kiyosaki En los años 70s, Ray Kroc fundador de McDonald's fue invitado a dar una conferencia de bienvenida a los estudiantes de maestría de una universidad de Texas. Relata que un grupo de alumnos invitaron a Ray a tomar unas cervezas después de la conferencia. Ya una vez que todos estaban en la mesa con su cerveza Ray les pregunto ¿a qué negocio me dedico?, todos se rieron y uno le dijo por favor Ray, ¿Quién no sabe que se dedica al negocio de las hamburguesas? Y él les dijo, señores, mi negocio no son las hamburguesas, mi negocio son los bienes raíces. Todos se quedaron con el ceño fruncido al escuchar eso. Y Ray les explico que el negocio no era el vender las hamburguesas sino vender las franquicias, el vendía el terreno y el lugar donde estas se ubican. Eso es lo que le deja dinero. Porque básicamente la persona que le compra la franquicia le compraba el terreno y la ubicación.

Actualmente si investigamos un poco, hoy en día McDonald's es el mayor propietario de bienes raíces del mundo, teniendo más propiedades que nadie, es dueño de algunas de las esquinas más valiosas de Estados Unidos y el Mundo entero.

Los bienes raíces te pueden generar ingreso mes a mes mediante las rentas que te pagan los inquilinos. Así que la mejor inversión como dice Ray Kroc son los bienes raíces, te recomiendo aprender cómo encontrarlas en precios por debajo de su valor mediante remates bancarios, conseguirlas mediante créditos y muchas más formas especializadas que podrás aprender mediante cursos, seminarios y entrenamientos especializados en este tema.

Recuerda que un verdadero negocio no es aquel que tengas estar físicamente para recibir ganancias sino que es aquel que te reporta ingresos trabajes o no y los bienes raíces te pueden ayudar a conseguirlo.

Opciones para invertir

Existen muchas opciones para invertir, mete dinero en aquello que te guste para que así tengas la disposición para cuidarlo y dedicarle tiempo. Algunas de las inversiones que puedes hacer son en:

- Bienes raíces
- Franquicias
- Negocios propios
- Máquinas expendedoras
- Empresas que empieza (start-ups) que son aquellas de capital semilla o capital de riesgo
- Metales
- Seguros dotales
- Fondos de inversión
- Acciones

- Commoditties
- productos financieros (como pagaré bancario)
- Cualquier otra cosa que genere dinero, aumente de precio y puedas revender.

Si encuentras alguna alternativa que te dé más dinero con menos riesgo, entonces no vale la pena el riesgo de la otra inversión y mejor ve a lo seguro. Todo depende de las evaluaciones.

No te conviertas en lo que estudies... mejor aprende poco de muchas cosas

Hay algo que comprendí en el transcurso de mis estudios de universidad y es que la mayoría de las personas se convierte UNICAMENTE en aquello que estudian. Vi compañeros que estudiaban leyes y terminan siendo solo abogados, quienes estudiaban administración y terminaban siendo solo administradores de alguna empresa pero ninguno de ellos piensa en tener un negocio, solo ejercen su profesión. Entonces pensando, todas estas personas siempre dependerán de su trabajo físico para obtener ingresos y ese es su mayor error. Solo cuentan con una fuente de ingresos y si los despidieran dejarán de percibir algún tipo de ingreso. Lo que necesitan es un negocio. Solo trabajan para el negocio de otros para hacer ricos solo a los dueños. Eso me hace recordar una gran frase de Steve Jobs que dice:

"Si no trabajas por tus sueños, terminarás por trabajar por los sueños de alguien más".

Y esto es muy cierto. Si no tienes metas hay quien si las tiene y lo terminaras ayudando en la mayoría de los casos por un sueldo insignificante.

Recuerda que al tener un negocio propio estas construyendo un activo que te generará dinero, quizás al principio te conviertas en auto empleado es decir tengas que estar presente para que funcione pero, cuando crezca lo suficiente para que lo dirijan otros dejaras de estar ahí y las ganancias serán tuyas sin necesidad de estar presente.

Si no te ocupas en tener un verdadero negocio lo único que pasará es que vivirás la vida creyendo que debes especializarte estudiando más para conseguir un aumento de sueldo, para lograr una promoción en tu trabajo o vivirás pensando que necesitas otro empleo para cubrir tus gastos, lo que pasa es que no te das cuenta que te estas encerrando en darle tu vida a alguien que quizás ni lo valora. Si sólo trabajas para alguien más vivirás siempre con problemas financieros.

Dime, ¿Qué pasaría si de un día a otro te despiden de tu trabajo? ¿Cuánto tiempo podrías sobrevivir?, la mayoría dice tener un empleo seguro pero vive con el miedo a que lo despidan. Eso no es seguridad, eso es vivir con miedo y no es nada agradable.

Empieza por tener un negocio de medio tiempo, puedes mantener tu empleo pero empieza a adquirir activos, o bien ve adquiriendo todo aquello que junto forme un gran activo (un negocio), deja de adquirir solo pasivos aquello que solo pierde valor con el paso del tiempo.

Eso sí:

Si te vas a meter a una inversión es porque te gusta, porque si no te gusta no la cuidarás y solo terminaras perdiendo dinero. Si te gusta estarás pendiente de ella.

Si inviertes en acciones de start-ups lo mejor es deshacerse de ellas en un año máximo ya que el valor de la acción siempre crece en gran medida el primer año.

Al invertir en bienes raíces se puede aplicar que compres propiedades pequeñas e irlas intercambiando por algunas más grandes para aplazar el pago de impuestos y cuando las vendas puedes diferir el pago de impuestos para que te dé tiempo de comprar más propiedades y hacer trabajar más tu dinero.

Aunque sea duro es más recomendable iniciar un negocio de medio tiempo que puedas ir financiando con tu empleo porque las estadísticas para los negocios es que el primer año 9 de cada 10 empresas quiebran y en los siguientes diez año de esas que sobreviven 9 de cada 10 quiebran por lo que si vas a iniciar una empresa es porque le dedicaras el tiempo y dinero suficientes para sostenerla en el tiempo.

Haz que tu columna de activos crezca lo suficiente para darte el lujo que tanto quieres pero que sea al final cuando tus activos generen el flujo de dinero suficiente para pagarlo.

Si solo vas y compras aquel lujo a crédito antes de hacer crecer tus activos te hundirás más en las deudas y a la larga puedes resentir el lujo convirtiéndose en una carga en vez de un gusto.

Usa la deuda para financiarte y para ayudar a la economía de tu país

Si sabes usar la deuda (buena) correctamente puedes aplazar tu pago de impuestos mucho tiempo, todo mediante la legalidad claro, además, al financiarte ayudas a que el país tenga buena economía dado que generas empleo, y al dar empleo las personas compran en mercado, supermercados, en zapaterías, etc, en resumen pagan todos sus servicios y mantienen a sus familias. En cambio si no hay empleos la economía se colapsa por que el dinero no fluye a ningún lado.

Mi recomendación es de que antes que adquieras alguna deuda por algún gusto hagas una inversión que te permita ir pagándola sin problemas. Por ejemplo si te quieres comprar un carro y tienes el dinero disponible, en vez de pagarlo de contado, mejor haz una inversión que te deje lo suficiente para ir pagando el carro mensualmente y al final tendrás tu carro y tendrás el flujo de dinero adicional de la inversión que hiciste para comprarlo así te motivas a seguir invirtiendo y a seguir expandiendo tus posibilidades.

Asegura tu negocio

Si vas a invertir en tu negocio recuerda siempre asegurarlo, habla con un agente de seguros, dile que te muestre cuales son las opciones. Una vez que tengas tu negocio asegúralo por algún accidente que pudiera ocurrir, como dicen por ahí "no puedes asegurar el carro después que tuviste el accidente".

Pero sobre todo...

Invierte en ti, invierte en tu educación. Tú eres tu mejor activo. Tú eres quien te puede sacar de tus apuros financieros.

Recuerda lo que dijo Benjamín Flanklin:

"Si usted invierte en su mente, su mente se encargará de llenar sus bolsillos"

Y Siempre aplica la máxima:

"Si no te va a matar físicamente. ¡Sólo Hazlo!"

Conclusiones

Recuerda que la riqueza empieza en tus pensamientos, en tu mentalidad así que si quieres alcanzar tu libertad económica debes cambiar tu patrón del dinero, cambiarte a la mentalidad de millonario. Debes ahorrar la décima parte de tus ingresos *siempre.*

Debes controlar tus gastos, hazlo más sencillo ocupando la herramienta del presupuesto y respétalo como a ti mismo. Cuando quieras invertir en algo que no comprendes aún busca el consejo de conocedores, asesórate de aquellos que invierten exitosamente en lo que tú quieres invertir. Nunca te olvides de invertir en tu educación, tu cerebro es tu mayor activo así que invierte en él.

Debes liquidar todas tus deudas para no quedar como mal pagador. Cuando vayas a invertir y requieras financiamiento busca el mejor costo, busca pacientemente y tendrás aún más rendimiento a tu favor y si inviertes en un negocio propio asegúralo para no perder tu dinero.

Espero hayas disfrutado leer este libro, te hayas emocionado tanto como yo me emocioné al escribirlo y sobre todo te haya hecho reflexionar sobre tu situación actual, te haya dejado la espinita de que siempre puedes estar mejor y hayas encontrado algunas posibilidades de aplicar de forma inmediata los conocimientos vistos en este material, que los consejos presentados en este libro te hayan ayudado tanto como a mí. Te agradezco la confianza por permitirme enseñarte estos principios.

Aprovechando la oportunidad te informo que estaré compartiendo contenido valioso en mis redes Sociales.

Dale *like* a mis redes sociales

 https://www.facebook.com/EnriqueLaHe

 @EnriqueLaHe

Te desea mucho éxito

Tu amigo

Enrique Larrea
Asesor financiero, escritor y soñador

LISTADO DE GASTOS

Transportes	Alimentacion	Entretenimiento	Servicios
Estacionamiento	Mercado	Salida Centro Comercial	Agua potable
Gasolina	Alimentacion en el Trabajo	Cine	Administracion
Impuestos Vehiculo	Alimentacion Hijos (colegio)	Renta de peliculas	energia electrica
Lavado Auto	Bebidas	Conciertos	Gas
Mtto. Auto	Botanas	Juegos	Internet
Multas	Comidas en restaurantes	Viajes	Seguridad y vigilancia
Peajes	Refrescos	hobbies	Telefono Celular
Prestamo Vehiculo	**Educación**	Bar	Telefono Fijo
Taxis	Colegiaturas	Cumpleaños / fiestas	Television
Arrendamiento de auto	Diplomados	Club Deportivo	**Otros**
Compras	Seminarios	**Ayuda**	Dinero extraviado
Ropa	Talleres	Diezmos	Propinas
electrodomésticos	**Deudas**	Donaciones	Alcohol
Joyas	Tarjetas de Credito (nombre banco)	Aportes a Fundaciones	Cigarrillos
Hogar	Credito revolvente	Ayuda a la familia	**Impuestos**
Jardineria	Otras deudas	**Seguros**	**Bebés/Hijos**
Muebles	**Cuidado personal**	Automóvil	Pañales
Pago Predial	Masajes	Casa	Fórmula Láctea
Renta de Casa	peluqueria	Vida	Guardería
Cuidado de los niños	Maquillaje	Educación	Transporte escolar
Cuidado de mascotas	tratamientos de belleza	**Salud**	Papeleria escolar
Remodelaciones	suplementos alimenticios	Medicinas - Farmacia	Uniformes escolares
Inversiones	**Gastos de Automóviles**	Spa	Ropa
Cuotas de ahorro	Combustible	Seguro Medico	Juguetes
acciones	Contrato de arrendamiento	Oftalmologia	Inscripciones
Ahorro jubilacion	Mantenimiento	Odontologia	Colegiaturas/Mensualidades
Bienes raices		Consultas	Tutorías
Seguro de Vida		Exámenes de Laboratorio	Clases Particulares
		Medicamentos	Uniformes
			Excursiones/Actividades Extra-aula

Bibliografía Recomendada

- George S. Clason. *El Hombre más Rico de Babilonia* 23ª Edición. Obelisco, 1994.
- Robert T. Kiyosaki. *Padre Rico Padre Pobre* 2da edición, México. Aguilar, 2013.
- Despierta el genio financiero de tus hijos *Despierta el genio financiero de tus hijos* 1ra edición, México, 2013.
- Sofía Macías. *Pequeño Cerdo Capitalista* 1ra edición, México. Aguilar, 2011.
- Sofía Macías. *Pequeño Cerdo Capitalista inversiones* 1ra edición, México. Aguilar, 2013.
- Napoleón Hill. *Piense y hágase rico* 4ta edición, México. Tomo, 2013.

Otras referencias

- Página de Facebook: Mundo de millonarios (historia del sacerdote y el rabino)

www.ingramcontent.com/pod-product-compliance
Lightning Source LLC
Chambersburg PA
CBHW021435170526
45164CB00001B/258